大学評価学会年報『現代社会と大学評価』第20号

高等教育無償化の未来
―日仏比較の視点から―

編　集：大学評価学会年報編集委員会
発　行：大学評価学会
発　売：晃洋書房

目　次

《 特集 》高等教育無償化の未来 ―日仏比較の視点から―

マラルメの「文学基金」とアシッドの「AUA」の連続性について

岡山　茂 …… 1

指定討論①　コメント ―経営学の視点から―　細川　孝 …… 25

指定討論②　コメント ―教育行政学の視点から― 石井　拓児 …… 33

《 大会報告 》

第21回全国大会の概要・日程等

第21回全国大会実行委員会　委員長　岡山　茂 …… 41

課題研究Ⅰ　大学職員の内発性に基づく役割モデルの再構築に向けた
国際比較研究〈5〉

深野　政之・菊池　芳明・光本　滋 …… 45

課題研究Ⅱ　学生の学びと発達を支える『大学と社会の接続』
（学ぶ権利の実質を保障しうる大学評価のあり方を探る〈4〉）

西垣　順子・瀧本　知加・古里　貴士 …… 64

《 論文 》

重症心身障害者の青年期・成人期の発達保障
　―びわこ学園「びわこ大学校」における取り組み―

垂髪あかり …… 75

ドイツにおける大学の規制緩和と財政政策の展開
　ノルトライン・ヴェストファーレン州の財政自治制度に着目して

横山　岳紀 …… 100

1920-30年代アメリカにおける現代的アクレディテーションの成立
　―北中部協会におけるアクレディテーション
　　「方針声明」の策定過程に着目して―

吉田翔太郎 …… 119

《 研究ノート 》

韓国大学職員の人事評価制度の現状と課題

宮澤　文玄・深野　政之 …… 136

《 実践報告 》

Z短期大学における「教育方法論」の実践報告　松本　圭朗 …… 158

投 稿 規 程 …… 173

執 筆 要 領 …… 174

編 集 後 記 …… 176

《特集》高等教育無償化の未来 ―日仏比較の視点から―

マラルメの「文学基金」とアシッドの「AUA」の連続性について

岡山　茂（早稲田大学）

　このシンポジウムは当初「無償化とベーシックインカム」というテーマでやろうとしたのですが、実行委員会が一致して講演してもらいたいと思った人から「私は大学に絶望している、いまは何も語りたくない」と言われてしまいました。そこで委員長の私が話すことになり、テーマも「高等教育無償化の未来、日仏比較の視点から」に変更しました。この３月で私も退職するので、話すにはよい機会かと思った次第です。しかし私の専門は一応フランス文学研究ですので、大学や高等教育について語るとなるとかなり偏ったものになってしまいます。そこのところは、経営学の細川さん、教育行政学の石井さんに助けてもらえばなんとかなると考えました。大学評価学会のお家事情そのままの、「大学評価学」というディシプリンがいまだ確定しないなかでの、リベラルアーツ的アプローチとなると思います。とはいえ、学会の発足以来われわれがとり組んできた（「高等教育無償化」という）テーマは、いまや政治のプログラムとなりつつあります。そして「高等教育無償化」は、「リベラルアーツ」、つまり自由と解放にかかわる学問の問題でもあります。基本に立ち返って未来を展望することは必要だろうと思います。

　マラルメの「文学基金」については、この同じ建物で大学評価学会の研究会が開かれたときに一度話したことがあります。今回はそれとの関連で、コレクティフ・アシッドという現代のフランスの教員グループが2015年に出版した小さな本 [1] について語りたいと思います。「アシッド」の人たちは

そのなかで「普遍的自律支援」（AUA：allocation universelle d'autonomie）という提言をしています。これは、学生がアルバイトをしないでもすむように一律に生活費と住居費を配るものです。しかしそれとともに大学にも、受け入れる学生1人あたりにつき一定の補助金を与えて、その教育環境をグランドゼコールなみに改善することを提言しています。そしてそのための資金として、社会で働いて一定以上の収入のある人から、税を収入に応じて徴収することを提案しています。ようするにAUAは「無償化」のさらに先にある未来を語っているのですが、そこにはマラルメの「文学基金」に通じるものがあると私は考えます。

　AUAは社会で働いている世代が学生の生活を支えます。大学基金あるいは学生年金と呼んでもよいと思います。普通の年金は働いている現役世代が退職した世代や自分の老後のために積み立てますが、AUAはまだ働き始めていない次世代を支えるという逆転した賦課方式の年金です。年金問題はフランスでも深刻であり、政府がその支給開始年齢を遅らせようとするとそれに反対する人たちが街路に出てデモをします。そこには老齢者や労働組合員ばかりでなく学生や若者も加わっています。年金は自分の老後の問題であるとともに、社会の福祉にかかわる世代を超えた問題なのです。たしかに「まだ働いてもいない者が年金をもらうのはけしからん」とか、「学生が年金をもらえば遊ぶだけだ」という意見もあります。しかし提言している教員グループの「アシッド」はいたって真剣なのです。アシッドとは「酸」を意味するacidesからきていて、グループ名として「アシッド」（「酸っぱい奴ら」）を名乗っていますが、おそらく学生であったころから「酸」のような酸っぱい言説を吐いていたのでしょう。しかしベーシックインカムのことを考えれば、彼らの提案はそれへの里程標の一つとなるはずのものです。

　今日はまずマラルメの「大学基金」をふりかえり、つぎにアシッドのAUAについて語ります。さいごにそれらを比べながら、そこにどのような未来があるのか、そこに何が賭けられているのかを問います。19世紀のフランスの詩人や21世紀のフランスの教師たちによるアイデアが、たんなるフィクションや夢物語ではないこと、そしてそれがいまの日本の大学や社会

にも敷衍できるアクチュアルな「提言」であることを示したいと思います。

Ⅰ．マラルメの「文学基金」

　フランスの詩人ステファヌ・マラルメ（1842－1896）はイギリスのオックスフォード大学とケンブリッジ大学を講演のために訪れたときに、「文学基金」のアイデアを思いつきました。そしてフランスに戻ってからそのアイデアを『ル・フィガロ』紙に発表しました[2]。詩人は、中世からある二つの大学の佇まいと、それをいまだに大切にしているイギリスという国の「寛容さ」に感銘をうけ、それをフランスにも移植したいと考えたのです。フランスは大革命のときに大学をすべてつぶしてしまいました。その後にナポレオンが創った「帝国大学」は、帝国の教育をになう官庁（いまの日本でいう文科省）のようなものであり、中等高等学校（リセ）や学部（ファキュルテ）はその出先機関でした。だからマラルメは、大学ではなく文学においてではありますが、象徴的にというかイマジネールなキャンパスとして、フランスにイギリスの「大学」を移植しようとしたのです。

　フランス語のファンドFondsには「基金」とともに「土地」という意味があります。「文学基金」Fonds littéraireは、そこを耕し、そこに放牧することもできる「文学の土地」を意味します。「畑」や「牧場」にかぎらず、スポーツのできる「グランド」や、ボードレールのいう「象徴の森」であってもよいのですが、若い詩人たちにもなんらかの「キャンパス」、つまり「書物」と「自然」にじかに触れられる地所が、必要であると考えたのでした[3]。

　しかしファンドは「基金」ですからお金もからみます。お金は黄金であったり貨幣であったりします。黄金は象徴的な意味をおびるし日没の光にもなりますが[4]、貨幣はわれわれの日々の生活を支える糧となります。それゆえマラルメは、若い世代の詩人たちの生活をささえるための「基金」として、出版された書物の売り上げの一部、著者が死んで50年がたって「公的領域」に入った出版物の著作権料にあたる部分を、「基金」にすることを考えたのでした。出版社はいまのところそれを黙って自分の懐にいれている。著者の死後50年たっても売れているような本はすでに古典となっているはずです

から、それがもたらす果実はこれから傑作を書こうとしている文学の相続者たちに与えられてもよいのではないか。「文学基金」はこうして、詩人マラルメによって公の議論の場に載せられたのです。

　背景には、マラルメ自身が「詩の危機」と呼ぶフランスの状況があります。19世紀中頃になると、フランスでは中世以来の伝統的な「韻律」がうまく機能しなくなります。「韻律」は目には見えませんから、大革命の後まで生き延びていましたけれど、それを支えていた土台（アンシアン・レジーム）がなくなると、ゆっくりと崩壊していきます。詩人は定型詩のほかに散文詩も書くようになり、またバルザックやフロベールのような作家があらわれて、詩よりも小説のほうが読者を獲得するようになりました。ボードレールとフロベールはともに1821年の生まれですが、『悪の華』と『ボヴァリー夫人』を1857年に出版し、ともに裁判沙汰になりました。この二つの作品は、かつての「韻律」が地平線の向こうに日没のように消えていくときの最後の叫び、あるいは未来の文学を啓示する最初の光であったのかもしれません。

　「詩の危機」はヴィクトール・ユゴーが死ぬ1885年ごろにまさに危機的になります。ユゴーの国葬がおこなわれ、その遺骸がパンテオンの地下に納められると、若い世代の詩人たちは重しが取れたかのように「自由詩」を書き始めたのです。しかし自分の「韻律」を発明するのは韻律法にのっとって書くよりもむずかしいでしょう。ランボーやヴェルレーヌのような天才でもないかぎり、詩は書けないということになってしまいます。そのランボーも早々に詩を書くことをやめ、アフリカに消えてしまいます。ヴェルレーヌは飲んだくれ、街を徘徊しながら詩を書きつづけます。若い詩人たちもこの「危機」のなかで迷いはじめ、詩人になることをあきらめて、ジャーナリストや、アナーキストや、「知識人」になる者もあらわれました。

　「文学基金」はこうしてさまよい始めた詩人たちを「基金」によって救うためのものです。イギリスではオックスフォード大学とケンブリッジ大学がエリートとジェントルマンを育てており、「国家と教会の魂」であるかのように国民から大切にされ、寄贈あるいは遺贈によって潤ってきました。マラルメはフランスにもこのようなファンド（「土地＝基金」）が必要であると思

ったのです。

　しかしそのアイデアは議会からも、出版業界からも相手にされませんでした。詩人はその後も「文学基金」のアイデアをかかえて、フランス学士院のある辺りを「さまよって」います。「得るところもなく、かつて一度、私はすでにこのあたりをさまよったことがある。それは或る確実な計画への無関心を験そうと、私が「文学基金」によって、古典作家たちが後代に遺した一個の宝を持ちきたした時であり、この宝たるやじつに純粋なことはその事務局員たちが分配者でありかつ受託者であるほどだった[5]。」つまりマラルメは、学士院のなかにあるアカデミーフランセーズを通して「文学基金」設立への協力を国に訴えようとしたのでしょうが、この由緒ある機関は動きませんでした。もちろん詩人をその「会員」とすることもありませんでした。

Ⅱ．アシッドの AUA

　コレクティフ・アシッドの人たちは、先にあげた彼らの本の第4章「レアリストであろう、不可能を要求しよう、分配による教育の提案」の冒頭で次のように書いています。

　　世界のほとんどいたるところで、傾向はあきらかである。学生と大学をそれぞれ競争のなかに投げ込み、「自由な選択」をうながし、顧客／提供者という関係をつくり出すことによって、教育システムはますます資本主義的ロジックに縛られるようになっている。いずれの国でも高等教育がまず狙われる。教育が無償である国では授業料が導入され、フランスのように授業料（登録料）が低く抑えられている国では、それが大幅に引き上げられつつある。それは二重の機能的必要に対応している。つまり累進税にもとづく公的財政を銀行と金融市場にもとづく私的財政に置きかえながら、一方で、資本の影響がおよぶ範囲を拡大し、教育をあらたな投資の対象にし、教育を利益の源とする。そして他方で、それぞれの学生を規律づけ、自らを合理的な計算者として行動するようにしむける。つまり学生は、教育的給付の消費者かつ「人的資本」への投資家なのであり、その第一の目

的は、労働市場におけるこの「資本」の価値を高めることであらねばならない、というわけである。ところで、このようにして教育を商品化することで、ひとは個人と集団の解放のための諸条件を保障してくれる学校というシステム、経済的かつ社会的な決定論から各人を解放し、あらゆる形態の支配とたたかうのに必要な道具を各人に与えてくれるシステムから決別することになる。

　多くの国が向かっているこのような資本化による教育〔下線は岡山〕は、学生や教職員の抵抗の度合いによって進展の速さは異なるけれども、ひとつの単純な公式に則っている。学生は教育の行程に投資しその投資から収入を引き出す―投資は学生への貸付（ローン）の拡大と、その収益率の最大化によって本質的に可能とならねばならない。こうした収益の追及は、大学間、学部間、そして学生間の競争の論理に書き込まれている。かくして人は、競争が教育の「価値」をその価格（つまり授業料）によって測ることを許し、また個人が学業をつづけるか否かを、コストと利益を秤にかける企業家のような仕方で決めることを許すと思いこむ。このような選択が適用されるいたるところで、事態が期待どおりには運ばないこと、そして不平等であるばかりでなく、効果にも乏しく、地方および国の全体に良質な教育をもたらすことにならないことなどは、どうでもよい。政治的、経済的そして学術的なエリートたちの、固定観念とはいわないまでも、現実的な目的は、高等教育へのアクセスの不平等と闘うことでもなければ、高等教育のさまざまセクターに与えられる財源を平等に分配することでもない。あるいは教育機関への永続的な財政支援を保障することでもない。彼らにとって重要なのは、個人をその成功と失敗の唯一の責任者とする論理を強調することである。そして資本主義的システムがそれ固有の危機のなかで身動きが取れなくなるなかで、財政の当事者たちに利益のための展望を開くことである。社会的不平等は教育の全体を理解するための本質的な問題であるけれども、分析の対象から外され、大多数の学生は道端にとり残される[6]。

ここに述べられている「資本化による教育」l'éducation de capitalisation はわれわれにも馴染みのものでしょう。世界大学ランキングで上位にいる大学が優秀かつ富裕な学生を奪い合い、学生もまた自らを「資本」とみなして、よい大学に入るか、あるいはローンを借りてでも授業料の高い大学に入ろうとする。そのことを当然とみなすような現代における教育のトレンドがあります。「学生と大学をそれぞれ競争のなかに投げ込み、『自由な選択』をうながし、顧客／提供者という関係をつくり出すことにより、教育はますます資本主義的ロジックに縛られるようになる」というのは、そういうことでしょう。いま学費値上げをもくろむ東大の総長や、国立大学法人の学費を150万円にすることを求める慶応大学の塾長や、それに賛同する私大連、そしておそらくは日本の文科省も、この「資本化による教育」を推進しようとしているのです。しかしアシッドはこうした「資本化による教育」に対して、「分配による教育」を掲げます。

　　分配による教育l'éducation par répartitionは、世代間の社会契約とみなしうる。それはそれぞれの市民が資力に応じてシステムの財政に寄与することを約束するのとひきかえに、若い世代に学習のためのよりよい環境を提供することを許す。教育システムが社会化された財政によって支えられることで、われわれの集団的な未来のための（そしてここで問題となる初期高等教育のための）さらなる公的資金の支出が可能になり、その時々に生産される富を世代間でよりよく分配することが可能になる。このシステムはわれわれによれば二つの基本的な柱をもつ。一つはすべての学生を対象とした普遍的自律支援（AUA）であり、もう一つは、大学とりわけその学士課程へのよりゆたかでより永続的な財政支援である。それゆえ分配による教育のシステムは、すべての高等教育機関における学費（登録料）の不在を含むだろう[7]。

　ここで述べられているように、「分配による教育」には二つの柱があります。一つは学生への支援です。この支援は、生活費のほかに住居費も考慮したも

のであらねばならないとアシッドは述べます。すべての学生に真の自律性を与えるためには、そして十分な学習をさせるためには、一人一人に公的な財政支援をおこなわねばならない。つまり学生でいるあいだは家族の状況とはかかわりなしに生活費と学費を保障しないといけない [8]。「高等教育へのアクセスの無償化の文脈において、両親の家に留まるかどうかは一般的に自分の意志で決められることではない。学生にとって家に留まるかどうかは経済的な拘束なのであって、収入がないことが家を離れること、そして親の監督から解放されることを許さないのである」[9]。アシッドは、住居のための公共サービス部門をつくり、学生に住居選択の余地を増やし、あらたな学生寮を建設し、古い学生寮（しばしば劣悪で防音対策もいきとどかない）を改善することを提案しています。

　学生への支援の額については、国民の平均収入の60％に相当する貧困の閾値、2011年では月977ユーロ（とりあえず1ユーロ150円とすると14万6550円）より低く設定することはできないとして、その額を実質最低賃金に近いレベルに設定することを提案しています。

　　（…）われわれはしたがって、両親の家に住まない学生には、月々の支援額を1000ユーロ（12か月）、そしてそれ以外の学生には600ユーロ（12か月）に設定することにしたい。いくつかの研究は、学生の月の支出の平均（住居費は除く）をおよそ400ユーロ、また平均的な家賃を、地域によって異なるけれども（とりわけパリ地方では家賃が高い）、月400から500ユーロと見積もっている。月600ユーロの普遍的自律支援と、それに加えて場合により400ユーロの住居費支援（この額は住んでいる地方によって変わる）があれば、両親の家に住むか否かにかかわらず、学生はよい環境で学習することができる [10]。

　「分配による教育」の二つ目の柱は、大学の教育環境をグランドゼコールなみに改善するための大学への援助です。アシッドは受けいれる学生数に応じて大学に公費を上乗せすることを提案しています。「並行して、大学とりわ

けその学士課程に、学生のよりきめ細かい指導に必要な資金を提供する。大学にはグランドゼコール準備級よりも民衆的な出自の学生がはるかに多く、しかもその数は増加しているからである。」大学に対するこの補助的予算は、「少人数クラスを構成し、補習や再履修のクラスを設置し、一部の学生にオリエンテーション（準備教育）の一年を設ける」ために用いられます。そのことは学生に、「中等教育のあいだにつみかさなってしまった遅れを補い、自分の将来の選択について反省し、自分の高等教育の学習継続によりよい条件で取り組むことを許す」とされます。金額にかんしては、いま大学の学生一人当たりに年9000ユーロ（約135万円）の公費が使われているけれども、これをグランドゼコール準備級の生徒なみの14000ユーロ（約210万円）にまで引き上げることを提案しています。これは学生1人につき5000ユーロ（約75万円）の補助金を大学に与えることを意味します。「学士課程に焦点を合わせるというこの選択は、この課程が中等教育から高等教育への移行——とりわけ経済および文化資本にもっとも恵まれない生徒にとってきわめて困難な移行——を許す課程だからである」。アシッドは、サルコジ大統領が2007年から2012年までに「学士課程での成功のための計画」に総額7億3000万ユーロを支出すると言ったことに対して、「これでは学生一人当たりの年額で換算すると200ユーロ（約3万円）にしかならない。大学が必要とする予算からみてあまりに少ない」[11]と批判しています。

　それではこれらの支援のための「財源」はどうするのでしょうか。アシッドは次のように述べます（少し長い引用になります）。

　分配による教育のコストをより正確に数字化することはできるだろうか。それにはいくつもの仮説を立て、またいくつものシミュレーションを重ねないといけないので決して簡単ではない。たとえば重要な前提として高等教育における学生数がある。分配による教育は学生にはより魅力的なものにみえるが、それはまた学生に勉学に集中することを許すため、よりすみやかに卒業するための手段ともなる。学生数はおそらくいまのそれより増

えるだろうが、留年する学生は減るだろうし、学生は自分が学びたい履修課程で学べるようになる。したがって登録者数が230万人前後（そのうち75万人が学士課程の学生）に維持されると考えることはばかげてはいない。同様に、学生生活オブセルヴァトワール（観測所）によれば、学生の3分の1は親と同居している。普遍的自律支援がなされることで親から離れて暮らす学生の割合がどれだけ増えるかを評価するのはむずかしいけれども、すでに述べた理由によって、支援がこの点にかんしてラディカルに学生の習慣を変えることはないはずである。

　したがって、数字化は難しいとしても、大きさのオーダーを見積もることはできる。2012−2013年度において高等教育に登録した学生の総数は238万6901人である。普遍的自律支援のコストを、われわれが見積もったように月額1000ユーロ（親と同居している場合には600ユーロ、現在240万人の3分の1）とすれば、実質的学生数に対して総額はおよそ240億ユーロ（およそ3兆6000億円）となる。

　しかしいま行われている支援は要らなくなるから、その額を自動的に差し引くことができる。それは28億ユーロの国による直接支援（15億ユーロの奨学金と貸与金、11億ユーロの社会住居手当、2億ユーロの個人住居手当）、住居や登録料免除にかかわる現行の形態のもとでの3億ユーロの間接支援、また同様に16億ユーロの税控除（これはもとより非分配的な性格をもつ）などである。普遍的自律支援の実施はこれらの援助を要らないものにする。つまり親の収入がどうであれ、すべての学生のための一律の支援のために約50億ユーロの節約ができる。結果として、普遍的自律支援の実施には190億ユーロがあればよいということになる。

　この190億ユーロに、グランドゼコール準備級と同じレベルにまで大学の学士課程における教育を改善するためのコスト—学生1人につき年に約5000ユーロ—総額およそ50億ユーロ—が加わる。かくして分配による教育のための改革にかかるコストの総額は、年に240億ユーロ（PIBの1.2％、約3兆6000億円）ということになる。

　分配による教育にはしたがって、たいへんな予算的努力が必要とされる

にしても、PIBに対する割合はさほど大きなものでないし、義務的課税（現在PIBのおよそ46％）の全体に対する割合もとりくみ可能な政治的選択であることを示している。比較の意味でいうと、この240億ユーロは社会保障費の5％にすぎないし、2013年度の560億ユーロにのぼる国の正当化されえない借金返済の利息の半分にも満たない。あるいはさらに多国籍企業の税金逃れ（年間500億ユーロを超えるとされる）の半分にも満たない。同様に、雇用についての如何なる対策もなしに2013年に施行された（企業のための）「競争力と雇用のための税控除（CICE）」が200億ユーロに上ったことを喚起することもできる。これはほとんど分配による教育の実施に必要な額である。政府にとってもネオリベラルな「専門家」にとっても、この支出（「分配による教育」）に取り組むことはしたがって考えられないことではなかったはずなのである！あらんことか、フランソワ・オランド大統領は2013年末に企業に対して350億ユーロの社会保障負担を免除すると発表した。「責任の約束」というその命名はふさわしくなかった。なぜなら産業界の代表はこのプレゼントに答えるいかなる責任も拒むと語ったからである[12]。

アシッドがこの本を出版した2015年のころ、フランスは高等教育にPIBの1.4％（そのうち85％が公的支出）支出していますが、これはOECD加盟国の平均（1.5％）より少し低く、アメリカ合衆国（2.5％）とくらべるとかなり低いといえます。一人の学生のために、フランスでは年1万4000ドル、アメリカ合衆国では年3万ドルを費やしているということになります。この違いは、後者における私学の存在（民間支出の多さ）によってほぼ説明できるにしても、アメリカ合衆国の公的支出（1.5％）はそれでもフランスより多いのです。これらのことからアシッドは、分配による教育はフランスにおいてけっして不可能ではないと考えます。

税の使い道を決めるのは国民です。すべての国民が議論に参加することはできないにしても（それゆえに代議制の議会があるにしても）、すべての学生とすべての大学のためのこのAUA（普遍的自律支援）は、まさに「普遍的」

であるということができます（「卓越的」な一部の大学に文科省が一部の人間に諮って与える「10兆円大学ファンド」とは本質的に異なります）。

Ⅲ．マラルメの「文学基金」からアシッドの「AUA」へ [13]

ここで高等教育無償化の未来を考えるために、ふたたびマラルメの「文学基金」に戻ります。マラルメはそのアイデアをイングランドのオックスフォードとケンブリッジで得たのでした。この「思考のために建設されたふたつの都市」では、学問と研究の生活を好きなだけ続けられ、世界のどこにでも旅行ができ、学生もフェローとともにカレッジで暮らしながら学べるなど、理想的な環境があったのですが、じっさいにそうした大学をフランスに創るのは不可能だとマラルメは言います。なぜならフランスには、イギリスとは異なる「正義」の伝統があったからです。

　こうした例外的な生き方―その魅惑はいまも私を追いかけてくるのだが―それが平常のものとして、優雅に、気高く機能してゆくためには、攪乱されたことがない、伝統的な土壌が必要である。人口の多い、鉄と炭塵の地方の喘ぐその同じ土壌が支えているのだ、思考のために建設されたふたつの都市が対をなして、大理石の花を咲かせているのを。

　私たちの足場は、あの特権的な沈思に類した何ものかが、感じのよい紳士方の歩みのまわりに、いかにも学者らしい影をガウンさながらにひろげる、―そんなものはいささかも目指すことなく、いま一時的に組み立てられたもののように思える。

　〔イギリスの大学人にくらべれば〕このように剥奪されている状態に適合する動機は、ただひとつ、すなわち不信。そこにこそ明るい正義への本能が姿を現すのだ。イギリス的な発想は、私たちとはちがう社会的寛大さを証拠立てている。

つまり「大理石の花」のような大学都市が「鉄と炭塵の地方」によって支えられていることに、フランスの詩人としては「不信」をいだかざるをえないと言うのです。またゆるぎない大学の自治のなかで、自由を恣にしているイギリスの大学人の特権が、「書くこと」とは必ずしもかかわりのないところで維持されていることに「敵意」さえ感じると言います。

　しかしながら私自身は、われわれの国の実情に身を置くとき、〔さながら修道院内禁域のごときイギリスの大学の〕そうしたありように反対してしまうのだ。外部から認可されたこのたぐい稀な身分に対する何かしれぬ敵意が滲みこんでいるからである、そういう身分は、まぎれもなく、書くという行為とはまったくちがう [14]。

　しかしこの二つの大学が過去に根差しながらも未来に向かって開かれていることは、「デモクラシー」の視点からではなく「不偏不党の立場から見る者の眼には」明らかだろうとも述べています。

　過去というものによって、あれらの事情は豊かにされている。出発のおり私は気づいたのだ、やがて来る落日が季節とともに〔記憶のなかに〕繰り返し蘇ることで豊かにされているのだということを。──その蘇りはちょうど〈〔修道院内〕禁域〉の概念さながらに永遠である。ところが、そういうものをデモクラシーは嫌悪する。デモクラシーでは、廃止し、否定し、投げ棄ててしまうのだ。私は「過去」という言葉を強調する。（…）そこで私はこう考える。暴力がみずからの壁に襲いかかろうと中立のままであるこのような学術制度は、別の面から言えば、いわば前もってすでに存続しつづけている（翻訳のテクストでは下線ではなく傍点）のではないだろうか、と。たしかにそうなのだ、垂直にそそり立つゴチック様式の飛躍そのものである彼の地の《ジーザス・カレッジ》の教会堂あるいは《モードリン・カレッジ》のあの物見の塔は──不偏不党の立場から見る者の眼には──遠い過去から外に出て、その直立した姿を、未来のなかに決然と立ち現

わしているのではないだろうか[15]。

「永遠」の時のなかで培われてきた「禁域」は、未来にも開かれています。こうして詩人は、それらの大学の幻を脳裏に焼きつけながら、「あのような避難の場所のあることは忘れねばならぬ」といってフランスに戻ったのでした。しかし新聞に公表した「文学基金」のアイデアは実現しませんでした。たとえ文学という形ではあれ、イギリスの「国家と教会の魂」のような大学をフランスに移植することは、いずれ国家と教会が分離されるこの国では不可能であったのかもしれません。

しかしそうなると「詩の危機」には出口がないし、詩人たちも出口のないその迷路をさまようしかありません。なかには詩人になることをあきらめ、アナーキストや、ジャーナリストや、「知識人」になる者もあらわれる。マラルメが「文学基金」を提案した1894年にはドレフュス事件が起こり、マラルメも知るベルナール・ラザールやフェリックス・フェネオンは、ドレフュスの冤罪について語る最初のドレフュス派「知識人」となりました。シャルル・ペギーやマルセル・プルーストもそうです。彼らはゾラを動かして「われ弾劾する」を書かせることに成功します。マラルメとゾラは、画家のマネをとおして1870年代初頭に知り合っていましたが、90年代末にそれぞれの仕方でドレフュス事件を「起こす」のに貢献したのです。

ドレフュス事件のさなか、誣告罪で裁判にかけられたゾラはイギリスに亡命し、マラルメは騒々しいパリをはなれて近郊のヴァルヴァンという村にひきこもります。リセの教員を退職して年金生活に入った詩人は、フォンテヌブローの森とセーヌ河のほとりのこの地に「自然」と「書物」が一体化したような思索＝詩作の環境をみいだし、そこで『エロディアードの婚礼』を仕上げようとしたのでした。

一時半にでも、出かけさえすればよいのだし、ただ、列車の喧騒によって続く妄念がほぼやんでくれるように。そして、駆け寄ってくる、密生して、あるいは先で見る対をなした植物の繁茂と共に、どこかの森が。よろ

こんで、その周囲にある眺め、麦は、大きな拡がりにわたって、都市を見まもる住民の中心をその光あまねき確信によって祝っている。もっと前へと逃れていくことはつねに、〔セーヌ〕河となって帰ってくる。(…)

　こんな田舎という頁。もう一つの〔テクストの〕頁への、煩わしいが、決して散漫ではない伴奏──(…) (16)

マラルメがひきこもるヴァルヴァンという村はオックスブリッジのような「大学」ではないけれど、詩人にセーヌ河で船遊びをし、森に沈む夕日をみながら、それをひたすら言葉の劇に翻訳する静かな日々を与えてくれます。もし作品が完成できれば都市に住む人にも読まれることになり、郊外に拡がる小麦畑がその金色の輪で都市を戴冠するように、文学が首都を戴冠することになるはずでした。それは「その直立した姿を、未来に向かって決然と立ち現している」イギリスの大学をいまのパリの中心に建てるようなものです。「限定された行動」のなかでは、マラルメは若い詩人に向かって先輩詩人としてつぎのように述べています。

　外側に、広がりのあげる悲鳴のように、旅客は汽笛の悲痛な響きを聞き分ける。「おそらく」と彼は納得する。「今、一時代という名の一、一つのトンネルに入っているのだ、長いがこれが最後のトンネルで、都市の下を潜って行き、行き着く先には無垢の宏壮な建築が都市の中心を王冠のように飾っている力の横溢する駅があるのだ」と。この地下の道は続くだろう。おお、忍耐を知らぬ者よ、君も〈正義〉の飛翔によって曇りを拭われたガラスの高く聳えるこの建物を用意することにこそ思念を凝らし続けねばならぬのだ (17)。

ここで言われている「無垢の宏壮な建築」や「都市の中心を王冠のように飾っている力の横溢する駅」、あるいはさらに「〈正義〉の飛翔によって曇りを拭われたガラスの高く聳えるこの建物」に、イギリスの「国家と教会の魂」

としての大学を見るのは難しいかもしれませんが、国家と教会のあいだに入ってそれらを分ける「ライシテ」(非教会性)のガラスの「神殿」を見ることはできるかもしれません。マラルメはそのことに、ヴァルヴァンでの鉄道工夫や土方との出会いによって気づくのです。

　彼が二階を借りている住まいの一階部分が鉄道工事の工夫たちの食堂となったことで、詩人の思索と詩作の日々はかき乱されてしまいました(「葛藤」)。また詩人が昼近くに散歩に出ると、朝方からずっと働いていた土方から怪訝そうな視線を投げかけられます。休日の夕暮れには鉄道工夫たちが飲んだくれ、騒いだあとに庭の芝生に寝転がっているのを見ることになります。しかし彼らとのこの「葛藤」や「対立」をとおして、この連中もまた「聖なるものの幾分か」を蓄えていることを知るのです。自らの墓穴を掘るような日々の労働のくりかえしのなかで、彼らもまた「神殿の土台作り」をしているのだと詩人はいいます。

　　なぜなら、大多数の人々や、多くのもっと裕福な人々とは反対に、連中はパンというものだけで十分であったためしがなかったからだ―彼らは、まず最初は、パンを手に入れるために、一週間の多くの部分をあくせく働いた。そして今は、見ての通りの有様。明日のことなど彼らの知ったことではない。朦朧とした中で這いつくばり、動くことなく土を弄っている―つまりここに横たわる一群は、これまで毎日現実の土地に穿ってきたと同じ一つの穴を、自分自身の運命の中に掘っているのだ(たしかに、これは神殿の土台作りである)。彼らは、それが何であるのか、また、その祝祭の灯が点るのかどうかを保証しないが、生活のなかで分ち担うべき聖なるものの幾分かを、待機でもあり一時的自殺でもある眠りという一つの休止によって、立派に蓄えつつある訳だ[18]。

　フランスにもイングランドに劣らぬ「攪乱されることのない、伝統的な大地」があるということを、詩人はここで述べているのではないでしょうか。「文学基金」は「文学の土地」でもあります。だからイギリスの「禁域」の

ような大学を「文学」をとおしてすべての民衆に解放することは可能である
し、それに国家も協力すべきであるというのです。しかしマラルメは、『エ
ロディアードの結婚』を未完成のまま残したまま1898年に突然の咽頭痙攣
で死んでしまいます。ドレフュス派の勝利をうけて政権に就いたドレフュス
派の政治家たちは、1905年に政教分離法をむりやり通すとともに、ドレフ
ュス事件と政教分離法で二つに割れてしまった国民をひとつにするために、
ドイツを仮想敵にして愛国心に訴えるようになります。フランスは「禁域」
としての大学も「文学基金」も欠いたまま、ドイツとの未曽有の恐ろしい戦
争を始めてしまいます。

　ところでマラルメは、「ライシテ」（脱教会性）は意味をもたない空虚な言
葉だと述べていました。

　　一つの浅はかな考えが、脱教会性（ライシテ）などという、一つも意味
　を招きよせてはいない言葉を振りかざして、いかにも至高の霊感の拒否と
　不可分な考えなのだが、まあ仕方あるまい、崇高な霊感はわれらの財宝の
　中から引き出すことにしよう、そのような考えが、今や当節の習いで、か
　つては科学の領域が知的に排除していたものを、そこに転落するかそれら
　を証明してしまう危険を冒して、模倣している。教義（ドグマ）であり哲
　学である[(19)]。

なぜ「浅はか」かというと、一人ひとりの存在のなかにすでに「神格」が
あるからです。社会や国家を支えている民衆の一人ひとりに、それは宿って
いる。デモクラシーは「デモス」の政治ではなく、「われわれ」のなかに眠
るこの「神格」を目覚めさせることです。マラルメにとってハムレットは、「す
べての人間の若き亡霊」であるとともに、われわれのなかに眠るこの「神格」
なのでした。それは〈自己〉に他ならないのです。

　大雑把に言えば問題は、〈神格〉という、〈自己〉に他ならぬもの、一か
つてそこには、祈りの力尽きた飛翔が、神秘に対する無知とともに立ち昇

ったのだし、その無知は祈りの飛翔の弧を測るのに貴重だったのだが——そのような〈神格〉を、地面すれすれのところで、出発点として、人間社会の慎ましやかな基盤、各人のうちにある信仰として、取り返すことである[20]。

この〈自己〉を目覚めさせること（「地面すれすれのところで、各人のうちにある信仰として、取り返すこと」）は、マラルメによれば「国家の義務」でもあります。

　国家は、個人に対して要求されている、説明のつかない、したがって信仰に基づく犠牲——我々の無意味さと言ってもよい——を考えて、壮麗な儀式を提供する義務がある[21]。

文学は書物のなかにひろがるイマジネールな世界だから、それがもたらす「大学」に学費はかかりません。一冊の本を買うわずかなお金がありさえすればよい。他方で、フランスの「帝国大学」は有償でした（バルザックの『ゴリオ爺さん』ではパリの法学部に入ったラスティニャックを田舎の家族が懸命に支えています）。19世紀の後半にはいくつも「人民大学」が創られています。それは義務教育が始まる以前に子ども時代を送った大衆層にも学ぶ機会を与えるために、民間団体が立ち上げたものでした。その最盛期はドレフュス事件と重なり、極端な反ユダヤ主義に対抗して一般大衆を啓蒙するうえで重要な役割を果たしたと言われています[22]。しかし第三共和政は、この「人民大学」を充実させることよりも、フランスに15の大学を復活させ（1896年）、新しいソルボンヌの巨大な校舎を建造して、「帝国」としてのフランスの威光を世界に向かって示そうとしたのでした。ナポレオン以来の「帝国大学」は解体されましたが、再生した大学も有償でした。

フランスでは1870年以降に（第三共和政とともに）「ライシテ」という名詞が使われるようになります。そして1905年には「政教分離法（国家と教

会を分離する法）」、いわゆるライシテ法が成立します。マラルメの『ディヴァガシオン』を読んだと思われるペギーやプルーストはこの法に反対しました。しかし第一世界大戦は現実に起きてしまい、戦争で未曾有の犠牲を払ってようやく、第四共和政になって「無償でありかつライックな」大学が地平に見えてきたのでした。

　戦後、日本は憲法に「戦争の放棄」を掲げましたが、フランスは「高等教育の無償化」を掲げました。1946年に成立したフランスの第四共和国憲法の前文に、「すべてのレベルの教育の無償化と非宗教化は国家の義務である」とあります。国連が社会権規約を定めて高等教育の漸進的無償化にむけて動きだす20年まえのことです。この条文はいまの第五共和国憲法にも生きています。初等教育は1880年代に第三共和政によって、中等前期の教育は1930年代に人民戦線内閣のときに、義務化されるにともない無償化されました。なぜ義務教育でもない高等教育まで無償化されねばならないかといえば、やはり二つの世界大戦への反省があったからでしょう。

　それよりも前、レジスタンスの政府は、その闘士でもあり共産党員でもあったポール・ランジュヴァンという物理学者（この人はドレフュス事件のときにはドレフュス派の「知識人」でもありました）と、アンリ・ワロンという彼よりも七歳若い心理学者を中心にした委員会をつくり、戦後の理想の教育のための改革案をつくらせました。一九四七年に提出されたというその提言のなかに、推薦事項として「すべてのレベルでの教育の無償化」という文言がみられます。

　憲法にある「すべてのレベル」のなかに高等教育が含まれることは、マクロン政権が2019年にEU圏外からの留学生に対する学費を有償化しようとし、それに学生と教員が反対運動をおこしたときに、憲法評議会によって確認されています。マクロン政権下のフランス政府は、2018年に、「フランスにようこそ」という戦略プランを立て、世界から50万人の学生を呼び込もうとしました[23]。そしてそれとともに、EUとスイス以外の国からの留学生にたいする学費有償化の方針をうちだしたのです（「フランスにようこそ」とは

よく言ったものです）。それが19年に具体化すると、学生たちは騒ぎはじめ、国務院（コンセイユ・デタ）に訴えました。

　国務院からの審議の要請に、憲法評議会は「すべてのレベル」が高等教育も含むこと、そしてそれが留学生を含むすべての学生に当てはまることを確認したのですが、「高等教育においては、学生の経済的な重荷にならない範囲で、ごくわずかな負担を求めることはできる」という解釈をつけ加えました。これは高等教育有償化へと舵を切ろうとしていたマクロン大統領にとっては、外国人留学生にたいする値上げに可能性を残すものでした。なぜなら奨学金をもらって留学する者をのぞけば、外国からの留学生は裕福な家庭の出身者が多いし、少しぐらい高額であっても、彼らにとっては「ごくわずか」であるかもしれないからです。もとより彼らの親はフランスに税金を払っていません。フランスにはそのような学生にまで無償の教育をおこなう余裕はないと考える有権者や議員は増えています。

　アシッドの「AUA」では、支援の対象が詩人から学生へと拡大され、その領野も文学から大学へと変わっています。そこにAUAの賭けもあります。そのメリットと思われるところをいくつか挙げてみましょう。

① 　AUAはすべての学生に配られ、しかもだれにも同じ額だから、それを受けることにうしろめたさや躊躇はいらない。それは教育の金融化─ローン化─から学生や大学をまもる。
② 　AUAは留学生にも支給される。しかし卒業後自国に戻って就職しても、その基金に拠出することは求められる（そういう契約のもとでAUAは与えられる）。このことにより、留学生にのみ有償化を強制するような差別はなくなるだろう。
③ 　学生に向けて普遍的に富の分配をおこなうことで（私たちは学生がその収入のほぼすべてを消費することを知っている）、「分配による教育」は危機にある国内需要を下支えする。
④ 　労働市場から学生アルバイトがいなくなることで、労働者の雇用が解放される。それは労働者の現役世代にさらなる交渉力を与えることになる。

⑤　AUAのための基金は働く世代が収入に応じて支払う累進税（雇う企業もその半額を分担する）によって支えられる。それゆえ景気の動向にさほど影響されないし、枯渇することもない。

⑥　高齢化が進めば老齢者のための年金の総量は増えるが、AUAと大学への給付の総量は減る。逆に人口の若年化が進めば、老齢者の年金の総額は減り、学生と大学に支給される手当の総額が増える。人口の変化が公的支出にもたらしかねない衝撃はこうしてやわらげられる。

⑦　AUAは社会保障のために戦後になされた努力（医療保険、年金、家族給付、労災および職業病の保障など）の延長にある。フランスの国民総生産は1950年とくらべて8倍になり、国民の実質収入も60年で5倍になっている。成功のための決め手はそろっている。いたずらにユートピア的であるわけではない。

⑧　AUAは社会で働く現役世代が学生と老齢者をともに支える。そしてそのようにして、現役世代の人々を二重の同一化のシステム、つまりかつての自分と将来の自分を結ぶシステムの中心に据える。

⑨　AUAは民衆的な出自の学生が高等教育をあきらめることや、意に反して短期課程で学ぶことを選択するリスクを減らす。また中途で学習をあきらめねばならなくなるリスクも減らす。

⑩　分配による教育はもっとも恵まれない家庭の出身者たちにも、より野心的に学ぶこと、知と研究の、よりおだやかで利益にとらわれない関係を築くことを許す。

⑪　分配による教育は、解放の能力と高等教育の社会的な価値、さらには協力と結びついた美徳を高める。

⑫　資本化による教育が狭量な有用主義を助長し正当化しているときに、賦課方式の分配による教育は、何を学ぶかというときの学生の選択に金銭には関わらない基準をより重視させることになる。

⑬　学ぶべき学問は、将来において獲得できる収入とは関係のないものとなり、個人も同様にして、社会的にみて有益であるような道を歩み始めることができる。学生によって価値がないものとみなされ、敬遠されていたよ

うな分野も、このようにしてよみがえる。

⑭　教育はたんに集団的な投資としてだけでなく（この意味において決定の民主的なプロセスにかなうわけだが）、知の共有と分配、意識の成長、各人の解放、共に生きる世界の建設のための決定的なベクトルともみなされるようになる。

⑮　どのような履修課程であっても、学生を平等にあつかう方へと学校制度を向かわせることができる。分配による教育は、資本化による教育とは対蹠的な地点にある。なぜなら資本化による教育は、見かけとは反対に待遇の平等を基本的に否定するからである。

⑯　分配による教育は、教育機関の機能の仕方を深いところで変える。大学は受け入れる学生数に応じて財政支援を受けるから、資金の獲得のために互いにあらそう必要はない。また学業に専念できるようになった学生を相手にするから、高等教育機関としての主要なミッションとしての教育に集中できる。

⑰　このシステムのなかでは、教育システムの二極化（勝ち組と負け組）をうながすような要請や傾向はより少なくなり、よい品質のネットワークによって全国がカバーされるようになる。

⑱　出席の管理とくみあわせることで、そしてほかに報酬をえるような活動（アルバイト）を禁止することで、これらの条件は常識的な期間のなかで学生が修了証書の獲得することを可能にする。

⑲　ありうるかもしれない悪用を制限するために、そして試験に不合格となった学生への支援を維持するかいなかを決めるために、それぞれの大学のレベルで、学生、教職員、公的機関の代表からなる委員会を創設することができる。

　メリットはこればかりではありませんが、文学からのマラルメの提言が、コレクティフ・アシッドの提言によってより民主的なものとなり、実現可能になっていることが判るのではないでしょうか。さらに第四章の決論のところを引用しておしまいにします。

もう一つの高等教育への財政投資はしたがって可能である。教育を共同体の全体にとって利益をもたらし、社会的関係を創出することに貢献しうるものとするモデル、各人に学習に必要とされる資金と条件を与え（そしてそれゆえ民衆的な階級の子供たちにも長期の履修課程を選ぶことを許す）平等主義的なモデル、各人がその収入に応じて貢献できる無理のない基金のモデル、よい環境を創り出すかぎりにおいて教育の本質的な使命に集中し、学生が学習に積極的に集中することをうながすような、シンプルで、透明で、そして本質的に民主主義的なモデル、経済の変動に左右されず、金融市場にも従属しない、人口の変動にも適応しうるモデル、それは可能である[24]。

　（…）この道を歩むことは、深い変化へのドアを開くことにつながる。そして個人的で共同的な解放の諸条件を創造することにつながる。ローンと学費は学生と市民を無意志的な隷属へとしばる鎖であり、それこそがわれわれの教育システムにとって、おおきな足かせとなっているからである[25]。

ご清聴ありがとうございました。

【注】
（1）Collectif ACIDES, *Arrêtons les frais ! Pour un enseignement supérieur gratuit et émancipateur*, Raisons d'agir, 2015.
（2）筑摩書房版マラルメ全集Ⅱ、「有益な遠出」および「禁域」を参照。
（3）拙稿「GAFAMの帝国と「象徴の森」、オンライン時代の大学論」、『福音と世界』1月号、2021、6-11頁参照。
（4）ステファヌ・マラルメ、「黄金」『マラルメ全集Ⅱ』、筑摩書房、参照。
（5）ステファヌ・マラルメ「擁護救済」、『マラルメ全集Ⅱ』、筑摩書房、347頁。
（6）Collectif ACIDES, 前掲書, p.105-106.
（7）同上、109-110頁。
（8）それはフランスでは学費が無償であっても進学にかんする不平等は解消されていないからである。「管理職や自由職の親をもつ子供は同年齢層の17％であるが、大学の学生では30.4％、グランドゼコール準備級の生徒では49.8％となっている。逆に労働者の子供は、同年齢層の29.5％を占めるにもかかわらず、大学では10.7％、グランドゼコール準備級では6.3％を占めるにすぎない。グランドゼコールにはほとんど進学できていない。（これは昔からそうである。1959と1968の間に生まれた世代も1％を超えていなかっ

た）。」同上、113頁。

（9）同上、110頁。

（10）同上、111頁。

（11）同上、111-112頁。

（12）同上、125-127頁。

（13）この第3部はあらたな書下ろしです。

（14）ステファヌ・マラルメ、前掲書、312-314頁。

（15）同上、313頁。

（16）同上、「牧歌」、323頁。

（17）同上、250頁。

（18）同上、「葛藤」、59頁。

（19）「カトリシスム」、同上、292頁。

（20）同上、291頁。

（21）「問題」、同上、298頁。また拙著『ハムレットの大学』、新評論、2014、57頁を参照。

（22）シャルル・ペギー（原著1932、邦訳2019）、『クリオ、歴史と異教的魂の対話』、宮林寛訳、河出書房新社、399頁の訳者による注を参照。

（23）イギリスは1970年代からサッチャー首相が新自由主義的な高等教育改革を始め、EUにとどまる間も同じ路線を歩んだ。トニー・ブレア首相（当時）は1999年にイギリスが提供する教育を「輸出産業（外貨獲得手段）」とよび、その収入が当時のレートで年額1兆5000億円に上ると述べている。刈谷剛彦、『オックスフォードからの警鐘、グローバル化時代の大学論』、中公新書ラクレ、2017、189頁参照。

（24）Collectif ACIDES、前掲書、130頁。

（25）同上、132頁。

《特集》高等教育無償化の未来 ―日仏比較の視点から―

指定討論① コメント ―経営学の視点から―

細川　孝（龍谷大学）

経営学の視点から考える

　細川と申します。指定討論を担当させていただきます。岡山茂先生とは、いまから20年くらい前に、本学会の設立に向けた準備の過程で初めてお会いしました。本日は、岡山先生の「退職記念講義」ともいえる機会に同席させていただいたことに感謝申し上げたいと思います。

　「経営学の視点から」ということですが、内容は必ずしも経営学とは限りません。無償化について考えていることをお話しさせていただきます。

　経営学というものに対して、皆さんがどういうふうに考えられているか分からないのですが、金もうけとか、あるいは経営者・管理者の実用的なテクニックという印象を持たれている方が多いように思います。いや、そうじゃないのだという話を、私がしても説得力がありませんので、よく使うのは、日本学術会議の「経営学分野の参照基準」というものです。これはなかなかいいなと思っています。

　経営学の研究者の中でも、経営学に対する考え方は多様です。しかし、エッセンスが凝縮されていると思いますので、これをよく使います。資料を読み上げることはしませんが、要は継続的事業体、その場合に、営利・非営利を問わないということです。経営学というと、なんとなく企業、株式会社を想定するわけですが、それだけではないということです。

　例えばこの文章でいくと、国、地方自治体、学校、病院、NPO、家庭とあります。もちろん家庭までも経営と言われたら、何か嫌な感じがします。

25

家庭までというのは躊躇しますけれども、営利・非営利を問わず継続的事業体における組織活動、科学的知識の体系ということには強く共感いたします。こういうふうに考えますと経営学の可能性というものが広がるように思います。

　そういう中で、わたしの立ち位置はというと、社会科学として捉える。他の経営学の研究が社会科学ではないということを言っているわけではないのですけれども、社会科学的な認識を深めていく、そういうことを考えていきたいということです。

　経営学の分野では、「企業と社会」ということで、個別の企業だけではなくて、社会との関係を重視する研究が広がってきています。それは非常に重要だと思います。SDGsについても積極的に経営学に取り入れて、考えていく。現代社会の問題を、企業だけでないのですが、経営（学）的な観点から捉えていく。とても大事だと思っています。

　さて、大学経営に関して、「企業経営」の視点でということがよく言われます。「企業」という言葉と「経営」という言葉をくっつけるわけです。しかし、「企業」というのは、あくまでも主体です。「経営」というのは、組織活動です、その場合にもう一つ必要な言葉があって、「事業」ですね。何を経営するのかということが大事です。これは、わたしのオリジナルではありませんが、「企業が事業を経営する」と捉えると、明確になってくる問題が多いと考えています。

　大学も経営をするわけですが、その場合に、大学という主体がどういう主体かということ。それから、大学が行う事業というのがどういう事業なのかということをちゃんと考える必要があるかと思います。

　企業の経営のあり方を大学に持ち込む。これはべつに悪いことではありません。しかし、その場合に、何も考えずにと言うと語弊がありますけれども、そのまま持ってきてうまくいくわけではありません。そんな単純なことを経営学は考えているわけではないのです。大学という組織と企業との違い、一般の株式会社との違い、それからそれぞれの事業の違い、そういったことに留意しながら考えていく必要があると思います。

指定討論① コメント —経営学の視点から—

　ですから、大学という組織が有する固有の事業目的ですね、そこをしっかりと押さえていく必要があると思います。これはべつに特別なことではなくて、多くの方が考えられている点ですけれども、経営学の観点から捉えると、「企業が事業を経営する」というふうに捉えると、より明確になると思います。

　ここから、やはり教育、高等教育ということから、公費負担の根拠も出てくるし、権利保障のための大学の経営ということがあるかと思います。大学が経営される場合には、やはり学習権・教育権の問題を避けて通ることはできない。ですから、岡山先生の報告に対しても、経営学の視点からということでいくと、以上のような考えにもとづいてコメントをさせていただきます。

日本の現実を踏まえて考える

　さて、日仏比較ということがシンポジウムのテーマに含まれていますが、私は、フランスのことはまったく分かりません。この学会ができた早い時期には、フランスの議論が紹介されることがよくありまして、学会年報『現代社会と大学評価』にも掲載されていました。当時は編集の方も担当していましたので、原稿を読んだりして、非常に勉強になりました。ただ、現在のフランスのことについてコメントする力はありません。そのようなことで不十分ですが、岡山先生の報告に対していくつかのことを述べたいと思います。

　これから述べるのは、やはり日本の現実、実態から考えることになります。資料に、「わたしたちの社会は」と書いたのは、単に学生だけではなく、日本の社会が高学費と貧困な奨学金を押しつけられているという理解です。もちろんこの間、さまざまな前進、部分的な改良はありましたけれども、基本的には変わっていないと思っています。

　特に私立大学ですと、この間、物価上昇を根拠にして学費を値上げしています。「留保」が撤回されましたけれども、無償化ということが政策的にプログラム化されているわけでもありません。田中先生が言われた「制度的な虐待」というのは、社会的な装置として機能しているのは変わらないと思います。

　それから、一つ考えなくてはいけないのは、「いい企業−いい大学−いい学校−義務教育」、これはゴールと言うと語弊がありますけれども、左側が

27

卒業後ということなのですが、こういう幻想はまだまだ強いと思います。やはりこの意識が日本ではいまでもあるのかなと。わたしたちが「権利としての高等教育」を考えるときに、現実の社会の中では、「手段としての大学」というか、立身出世というか、そういうものが根強いという現実を踏まえる必要があるかと思います。

それから私自身の反省も含めてなのですけれども、やはり大学関係者、多くの大学関係者は、無償化についてはあまり考えていません。もちろんこの学会のメンバーの方はそうではありませんが。そういうもとで、大学の中にも新自由主義的な考え方が入ってきているし、まん延しているように思います。

さらに考えなくていけないのは、「1校生き残り」ということです。これは特に私立大学のうちでも大手私大に強いのですが、自分の大学さえよければいいというふうな風潮は強いと思います。大手の大学ですと、潤沢な資金を持っていますから、私学助成とかなくても十分経営をやっていけるところさえあると思います。そういうことも、リアルに押さえていく必要があるのではないかと。

資料で紹介しているのは、コロナが始まった当初に、日本私立大学連盟が文部科学省に対して、連盟の考え方について了解してほしいという趣旨の要望を出したことについてです。当時は、学生から学費の減免の強い要求が出たわけですね。それに対して、学費というのは、短期的にそのような対応をするものではないという、いわば「お墨付き」を文部科学省に対して求めたものと理解しています。学生の権利について、大学のトップ層はあまり自覚がないのではないかと。もちろん全ての大学のトップではありませんけれども。

全体的には、「無償教育の漸進的導入」なんて言葉は頭の中に入っていない。これが実態であり、ここを前提に考えないといけないと思います。

どう変えていくか

日本の社会は、「企業中心社会」であり、企業を中心に回っている社会です。それから雇用において非正規が増えており、そして、さまざまな非正規雇用

の形態が存在している。「雇用身分社会」という言い方がされます。これは森岡孝二先生が言われたのですけれども、これは大学の中でも同様です。むしろより深刻かもしれない。無期雇用であっても処遇が低く抑えられている教員、有期雇用の教員、非常勤講師がいて、職員の中でも多様な雇用形態があります。

　それから先ほどから出ている話ですが、日本の大学、大学生というのは、アルバイトというかたちで低賃金労働力の供給源として機能している。高学費、そして家計に依存することも困難だから、アルバイトに力を注ぐと。大学の学費が高いということは、アルバイトの供給源にもつながっているということです。

　さらに、これはちょっと言いすぎなのかもしれませんが、大学は学生の「奨学金」というローンによって学費収入を得ている。学生たちは、卒業してから、そのローンを返済していくわけですね。ですから、「貧困ビジネス」と言うときつい表現になりますけれども、あながち間違ってはいない。そういう深刻な現状があると思います。

　今日はベーシックインカムの議論をするということでしたので、ベーシックインカム論についてです。やはり日本ではベーシックな給付がなされていない。これは年金とかもそうですし、医療でもそうです。そういう現状があると思います。この点では、日本弁護士連合会の「若者が未来に希望を抱くことができる社会の実現を求める決議」（2018年10月5日）は非常に重要と思っていますし、学生にもよく紹介しています。

　日本では、社会保障ではなくて、社会保険に偏重している。そのようなもとで、保険料が支払えない人は、保険の給付から排除されている。生活保護も本来は権利として保障されているはずなのに、じゅうぶんに機能していない。そういった現状も考える必要があると思います。

　これは後でお話をしますけれども、学生の授業料、学費の問題に焦点が当たる場合に、どうしても世代間対立があおられるわけですね。子どもを大事にしないといけないと。「高齢者は恵まれている」から、子どもたちにお金を回せばいいみたいな議論がされるわけですけれども、実はそうではないと

いう点は大事だと思います。資料に記しています、世代間の分断ですね。そういうものがあおられている。そんなふうに思います。

それから意図的に隠された論点というのは、いつも消費税を引き上げるしかないという議論ばかりされるわけですが、法人税とか所得税における不公平な税制は検討されていない。そういうことも考える必要があるかと思います。

国際的な連帯、世代間連帯を広げながら

ちょっと話が広がりすぎていますね。岡山先生の報告へのコメントですが、AUAについては、大事なことを言われていると思います。資料にも書いていますが、世代間の連帯、それから税を通じた所得の再分配、それから企業の責任が明確化されているということ、それから普遍主義に基づく提案。全ての者に手当を与えるということですね。日本は、よく「実質的な無償化」という言い方をされて、所得制限を設けるわけです。しかし、AUAの場合は全ての者に与えると。全ての者に与えた上で、税というかたちで将来徴収するという、こういう考えは積極的に評価したい。

その上で、日本では無償化の議論をするときに、やっぱり財源の問題をどうするのだという議論がされます。これはトータルの財源についてだけでなくて、どういうかたちで財源を確保するのかということを考える必要があります。

その際に、岡山先生の報告でも言及されましたけれども、国際的には法人税（率）の引き下げ競争とか租税回避というものが行われています。これに歯止めをかけないと、一国の財政だけで実現できるところはかなり限られていますので、グローバルな連帯も必要になっています。

世代間の連帯、連帯意識も課題ですね。自分の子どもが大学を出るまでは大変で、卒業したら、もう学費の問題から逃れていくと言うと語弊がありますけれども、奨学金を返済している人にとっては、ずっと重たい負担が続くわけです。学費を負担したり奨学金の返済をしたりしている当事者だけでなくて、世代間でどう連帯していくかということが必要だと思います。

学校教育については、なかなか権利としては捉えられていないところがあ

るように思いますから、それ以外の権利含めて、教育において権利意識を育むという課題があります。

　日本における奨学金支援制度について、大学に対するいろいろと締め付けが強まっているという話がありました。そのこともあるのですけれども、やはり大学経営の抜本的な転換が探究される必要があると思います。無償化にふさわしい大学のありようということになります。

　午前中の報告でも言及されましたが、障がいがある人、あるいは地方に住む人などの、大学へのアクセスを保障すること。この場合の大学というのは、高等教育というふうに広く捉えたいのですが、そういう経営の探究が期待されていると思います。

　先ほどお話ししたように、日本では個別大学の生き残りを目ざす動きがある。そういうことではなくて、個別大学ではなくて、岡山先生たちの研究グループが紹介されていた言葉でいくと、「大学界」のあり方こそが問われていると思います。

　それから無償化というと、お金がかかるという話をされるのですけれども、先ほどのフランスの試算でのように、一国の経済とか財政の規模からすると限られており、それほど大きな額ではない。こういった試算は渡部昭男先生もされていますね。日本の社会の状況を救うためにとても大切だと思います。無償化は社会を豊かにする、そういう処方箋だと思います。

　他のものにいくらかかるか。例えば大阪・関西万博なんかでは非常に議論になりますけども、あれだけの金があったら、無償化に対してもかなりのことができるわけです。だからそういうところにお金を回すのだったら、無償化、もちろん漸進的無償化ということで、一気に全額を無償化するということではないにしても、じゅうぶん考えられるはずです。

大学評価学会の課題を考える

　資料にも記しましたが、大学評価学会の課題というのは、やはり漸進的無償化の観点からの大学評価ということになると思います。どこの大学の学費が安いかとかいうことにはなかなかならないでしょうから、学生支援の取り

組み、学生の自主的な活動へのサポートなどを含めて、学費負担を軽減するためにいろいろな仕組みをされている大学ということですね。これは、別の学会で聞いたことになりますが、学内での就労支援とかを通じて負担を軽減しているようなことがあります。

それからもう一つは、これは思いつきなところもあるのですけれども、「もう一つの大学評価学会賞」の検討をということです。先ほど國本慎吾先生が田中昌人記念学会賞を授賞されました。それは優れた研究活動に対してのものですね。それとは別に、実際の優れた評価活動を行っている大学とか、あるいは学費負担軽減の取り組みに対してということです。漸進的無償化の取り組みを進めている大学を評価するような取り組みがあってもいいのかなと。

実は、これはわたしのオリジナルではなくて、工業経営研究学会という学会があって、そこが優れた経営を行っている企業を、工業経営賞だったと思いますが、授与されています。ですから、研究活動だけではなくて、そういった実践活動を表彰するようなことがあってもいいのかなと思います。

最後になります。フランスの取り組みとか、あるいは韓国の取り組みとかのお話を聞くと、日本でも大学人、大学関係者が、もっと市民社会とともに行動しなきゃいけない。もちろんこの学会の会員の方々でも、そういう取り組みをされていますけれども、これをもっと広げていって、そこで無償化の問題も取り上げていく。

学生たちは卒業していくわけです。コロナ禍のもとで学費半減とかの取り組みが広がりました。しかし、学生たちは担い手としてずっとそれをやるわけにはなかなかいきませんので、大学の関係者が持続的に取り組んでいく。かつては、私立大学では国庫助成の教授会連合というのがありました。しかし、これは、いまはもうなくなってしまったと思います。歴史的に私学助成の運動が果たしてきた役割はあるのですが、そういった取り組みがもっと必要な状況なのだと思います。

岡山先生の報告についてコメントしたところはすごくわずかで、言いたいことだけを言ったようで恐縮です。私のコメントはこれで終わります。ありがとうございました。

《特集》高等教育無償化の未来 ―日仏比較の視点から―

指定討論② コメント ― 教育行政学の視点から ―

石井拓児 （名古屋大学）

権利としての高等教育

　まず私自身の問題関心というところからお話をしたいと思いますけれども、私は教育行政学研究という領域、分野で研究活動をやっております。教育行政学ですので、当然教育に関する行政ということになりまして、それは、とりもなおさず国内法の規定に従って、法律に沿って行政が行われるという、そういう仕組みのところを研究しております。

　ですので、日本国憲法26条が示しておりますように、国民の教育を受ける権利、これをどう保障するのか。それから26条の第2項は、義務教育の無償性ということを言っておりまして、その無償の範囲というのはどこまでなのか。こういったことをさまざまな解釈等を通じて深めてきております。

　それから私たち教育行政学研究の分野では、もう一つ大切にしている条文がありまして、それが旧教育基本法10条になります。この10条のタイトルは「教育行政」となっているわけですが、法改正があり、現在の新教育基本法の方は16条になっています。この条文は、教育における不当な支配の禁止と直接責任性、それから教育行政の条件整備義務ということをうたっています。

　つまり、今日のテーマと関わらせてお話をしますと、国民には当然教育を受ける権利があって、この権利を保障するためには、国と自治体に国民の権利を保障する義務があるという、こういう枠付けになるかというふうに思っています。

こんにちの段階で言うと、高等教育を受ける権利をどういうふうに捉えるかということが、大変重要な課題になってきているんじゃないかというふうに思っています。それは先ほどの岡山先生のご報告の中にもありましたように、エリート主義の段階の大学の権利ということとは異なった、新しい社会状況があるということです。そのことを含めて、この大学評価学会が、高等教育を受ける権利というものをあらためてどう捉えるかということも、たいへん大事な研究課題になっているのではないかと思います。

　強く高等教育を受ける権利というものを再規定していけば、それはそのまま国や自治体の高等教育の無償提供を義務づける、たいへん強力な根拠になっていくと思います。今日はそのことを少し、結論的なことはとても言えるわけではありませんけれども、岡山先生のご報告と、それからアシッドの提言を見ながら、コメントしたいと思います。

　私が初めて岡山先生のご報告に触れたのは実は昨年の夏の日本教育学会でのラウンドテーブルです。このときたいへん感銘を受けまして、その後、先生の研究報告について引用したり、参照したりさせていただいています。本日の指定討論者に選定頂いたのも、そうした経緯からではないかと感じております。このような機会をいただきましたことに心より感謝申し上げまして、以下、コメントをさせていただきます。

コレクティフ概念が導く普遍的制度

　まず、岡山報告が注目するフランスの教員団体コレクティフ・アシッドですが、コレクティフという概念に私は強く興味を魅かれています。単に「集団」とか「集団性」といった意味合いで理解してもよいのでしょうが、私はそこに「連帯」とか「協同体」「共同体」というような意味合いも読み込むことができるようにも感じています。もし後で岡山先生からそこでコメントがあればいただきたいというふうに思っています。と言いますのも、岡山先生が何度も強調されていましたけども、AUAが普遍型の制度を設計しているということとも深く関係してくるからです。なぜ普遍的でなければならないのか、こういう問いを立てる必要があると思っています。

授業料無償化運動、無償化を目指す私たち国民の要求運動があるわけですけれども、これは、本当に広範囲な連携、あるいは連帯ということをしていかないと、実現はむずかしい。普遍的な制度を掲げなければ、広範囲の連帯は構築することができないと考えるべきなのではないでしょうか。

　逆に言うと、これまで、日本の政府が推し進めてきた教育費政策、授業料政策、それから奨学金政策はどうでしょうか、近年の高等教育無償化政策もまた、いずれも普遍型の制度ではまったくない。おしなべて戦後日本の教育費制度を特徴づけているのは、選別型制度であったということです。この選別的な制度のゆえに、私たちの国でいったい何が起きてきたかということを考える必要があるのではないかと思っています。

　また、AUAの制度のたいへん魅力的なところは、学生生活にかかる費用、あるいは学生以外の方も含めて、生活にかかる費用というものをきちんと計算をして措置しようとしている。この点も非常に興味深く、しかも、魅力的な提案になっていると私は感じました。

　ご存じのように、日本において普遍的な手当が制度化されたのは、2009年の児童手当ということになるわけですけれども、この児童手当は月額5000円という、もう、1人の子どもが生活していくにはとても足りない金額で設定されていて、今度、この5000円を高校生まで拡大するというふうに政府は言っていますけれども、高校生が5000円でひと月生活できるのかということを考えれば、とてもそれはもう無理な金額であります。

　AUAの場合、それをきちんと生活の費用として保障するとしています。生きていくために必要な経費として保障する、つまりは権利思想、生存するための権利として保障しようという考え方なのではないかというふうに私は捉えました。この点も、後で岡山先生にぜひ、そういう理解でいいのかどうかも含めてコメントいただけると助かります。

新自由主義的帝国社会にどう対抗するのか

　それから岡山先生がずっと問題提起されているのは、今日のご報告の中でも「帝国社会」というキーワードが出ておりましたけれども、新しい帝国社会

にどう立ち向かうのかということをおそらく課題意識として強くお持ちなのではないかというふうに思いました。新自由主義改革のもとでデモクラシーの危機ということが、たいへん深刻に深く進行していると私は感じています。

　岡山先生は、新自由主義による人格支配、「GAFAM帝国の臣民化」というようなことも、これまでの研究の中ではおっしゃっていたかと思います。こうした状況の中、デモクラシーの危機ともいうべき状況が私たちの眼前に広がっている。このとき、科学や学問研究、あるいは学術行政に対する攻撃が一層強まってくる。これらを構造的にとらえていくことも私たちの喫緊の研究課題であろうと思います。

　参考文献としては、新藤宗幸（2021）『権力にゆがむ専門知』（朝日選書）、ウェンディ・ブラウン（2017）『いかにして民主主義は失われていくのか─新自由主義の見えざる攻撃─』（みすず書房）、同（2022）『新自由主義の廃墟で─真実の終わりと民主主義の未来─』（人文書院）、これらがたいへん有益な示唆を私たちに与えてくれていると思いますが、新自由主義は、徹底して民主主義を破壊していく、あるいはそのために科学を攻撃していくという、このあたりのところを日本の文脈に即して解析する必要があるのではないか。

　まさに、こうした攻撃に抵抗するために決定的に重要になるのは、高等教育を受ける権利の保障だということになるわけです。これは論理必然的な帰結だと言ってもいい。より多くの人が、できるだけ多くの、しかも高度な教育機会の提供を受けることが権利として保障されなくてはならない。また、デジタル社会の到来によって、真実、真贋のはっきりしないものが溢れかえるようになってきている。誰もが、何が正しくて、何が問題なのかということを見極める力を付ける必要がある。私たちは、否が応でもそうした社会のなかに放り込まれてしまっているわけです。

　これは、おそらく中学生・高校生段階というよりも、大学あるいは高等教育段階の課題なのだろうと私は思っています。もちろん社会問題に関心の高い中学生や高校生は少なくありませんが、学んだことを統合・総合化してより高次の段階で社会や自然の問題を認識することのできる発達段階は、やはり大学生年代ということになるのではないでしょうか。大学あるいは高等教

育機関の授業というのは、自らの問題意識をもとに主体的に学び、立ち止まって考えてみることや、これまで学んできたことを批判的に捉え返してみるという重要な機会になっているのではないか。

そう考えると、やはり高等教育を受ける権利の保障というのは、こんにちの段階で一層強く求められる一人一人の権利であると言うべきではなかろうか。アシッドのメンバーがこうした社会状況をどう捉えているのかということと同時に、私たち自身がこれらをどう捉えるかが問われているのではないかと思います。

高等教育の競争的環境がもたらす社会の分断

それから高等教育をめぐる競争的環境というものが何をもたらしてきたのか。それから公共分野における新自由主義的政策の導入が何をもたらしてきたか。アシッドの提言は非常に鋭い指摘をしていると私は受け止めました。

例えば、アシッド提言のパラグラフ1の3）は、「どこの国でも高等教育が最初に狙われる」と指摘しています。新自由主義政策が入ってくると、真っ先に狙われるのは高等教育だと言っています。高等教育が新自由主義政策のターゲットになるのは、先ほども言ったようなGAFAM型の帝国社会の臣民化を意図している可能性もあるでしょうし、あるいは高等教育に対しては受益者負担で教育費を負担させやすいということでもあるかもしれません。いずれにしてもアシッドの提言は、鋭くこの問題を指摘しています。

それから、パラグラフ45の1）で「社会化するよりもむしろ商品化し、協力よりもむしろ競争を促し、個人主義を勇気づけて共同体の結束を損なうものとなっている」という指摘があります。つまり、新自由主義型の高等教育政策が入ってくると、共同体の結束が失われてしまうといっています。私はたいへん大事な指摘だと受け止めました。

具体的にどんなことを指摘しているかというと、パラグラフ46の5）「ローンと学費は学生と市民を無意志的な隷属へと縛りつける鎖であり、それこそがわれわれの教育システムにとっては大きな足かせとなっているのだ」と、こういう指摘です。つまり、ローンと学費の負担は、単に経済的に負担が大

きいから駄目だと言っているのではないのです。経済的な負担はもちろん困るのだけれども、この経済的負担が導くのは、学生あるいは市民全体が従属的あるいは隷従的な存在に置かれてしまうということなのです。まさに人間が奴隷的な存在にさせられてしまうという点に最大の問題があるということを厳しく指摘をしているのではないかと思いました。

そのように読み込むと、翻って、戦後日本の高等教育における競争的な環境、ローンと学費による学生に対する経済的負担の大きさは、他国に比類のないものであったわけです。大学の予算配分に限らず、偏差値一辺倒の序列構造が形成され、日本の高等教育は徹底して競争的な環境におかれてきました。新自由主義教育改革がはじまる前から、いわば歴史的に色濃く染み付いてきたものでもあります。

新自由主義政策で世界各国が1990年代とか2000年代に入ってきてから授業料を導入したのとはまったく逆に、日本の場合、1971年の段階から高い授業料を、まあ、当初はそれほど高くはなかったわけですけども、次第に授業料を引き上げてきました。その歴史的経緯、あるいはその特殊性をふまえ、それが日本社会全体の民主主義、市民の主体形成にどのような影響を与えることになったのかを考察する必要があります。

このアシッド提言に即して私なりの見解を申し上げますと、日本の学生・市民は、歴史的にはかなり早い段階から、共同体の結束を損なわせるような、市民社会の連帯を構築することが難しくなるような、そうした高等教育政策が形づくられてきたのではなかったか、このように考えました。ぜひみなさんのご意見を伺いたいと思います。

普遍型制度構想と社会連帯の展望

岡山先生へのコメントは、これが最後になりますけれども、アシッド提言のパラグラフ26の3）と4）です。アシッドは、普遍的な青年向け自律手当の給付が制度化されたあと、「学生は顧客のようにはふるまわないし、大学が商売をするところとみなされることもなくなるだろう」「なによりも教育と研究における本質的な目的に応えるための協力がもとめられるだろう、

つまり知の生産と伝授、個人的な解放と集団的な連帯である」と言っています。つまり、学生は、権利として学び、権利として自分を鍛え、そして、学んだことを社会に還元するようになる。社会から給付されたお金で学べば、学生のなかにそうした意識が芽生えてくるようになると思います。逆に、ローンを通じて個人負担で学んだ学生は、利己的に振舞うようにもなるでしょう。普遍的青年向け自律手当の出口はここでもやはり、集団的な連帯、社会連帯へと向かっています。

　日本政府は「異次元の少子化対策」のなかで高等教育の無償化を位置付けていますが、いずれも極めて選別的な制度のメニューのオンパレードです。第3子以降の無償化とか、学費の高い私立の理工農系への無償化の拡大、等々です。ここでもAUAとは決定的な違いがあるというところを私たちはしっかりと捉える必要があります。

　それから日本政府の「異次元の少子化対策」は、保険料の上乗せ分を財源とするとしています、ここにもアシッドの提言との決定的な差異が表れています。AUAの提言を読んでいると、財源は、徹底して累進課税の強化で賄うべきであると主張しています。パラグラフの5の4）のところに指摘がありますので、確認いただければと思います。

　最後に2点だけお話をしたいと思います。

　一つは、最近ヨーロッパでも福祉国家の再評価の動向があります。代表的なものにデイヴィッド・ガーランド（2021）『福祉国家』（白水社）があります。ガーランドはこの本のなかで「なくてはならない福祉国家（The indispensable welfare state)」と述べて、現代国家において福祉国家を志向しないという選択はあり得ないと指摘しています。

　私が興味深いと感じたのは、ガーランドが「Collective」という概念に着目している点です。ガーランドは福祉国家（Welfare state）を、バージョン1・0から、2・0、3・0というように歴史的な展開過程を整理し、その展開過程において福祉国家の社会保障スキームが、救貧思想的な選別型から次第に、権利思想的な普遍型へと発展していくと捉えます。選別型から普遍型への制度発展の要に、「Collective（共同）」という概念を位置付けたわけです。

それからもう一つ紹介しておきたいのは、ダニエル・ベランとリアン・マホン（2023）『社会政策の考え方』（有斐閣、上村泰裕訳）です。フランスではレオン・ブルジョアから始まる連帯思想があり、これが普遍型の社会政策への制度発展に向かう必然性につながっているという指摘です。

　お話ししたかったのは、とにかく私たちの国は、徹底して選別型の大学授業料あるいは奨学金政策、教育費だけではなく社会保障サービスを含めても、多くのものが選別型の制度設計となっている。選別型ではなぜいけないのか、なぜ普遍型でなければならないのかを私たちはしっかりと理解する必要があると思います。

　選別型は必ず社会的な分断を引き起こし、社会的な分断が引き起こされれば、どんな社会保障サービスも、分断のもとで社会的支持を獲得することができなくなり、結果として制度を維持することができない。選別型の制度は常に小さくなるという傾向を持ちます。

　したがって新自由主義は、徹底して選別型の制度をあらゆる社会保障分野に持ち込もうとしてくるわけです。こうした政策形成を各国に助言して回っているのは国際金融貸付機関ということになります。逆に言えば、連帯を基礎とする福祉国家をつくろうとする国々—主に北欧諸国—では、ユニバーサリズムと呼ばれる普遍型の社会保障制度を整えようとするということにもなります。

　この後、高等教育の無償化を具体的に展望する、展望しなければならない社会段階に入っていると私は思います。冒頭でも述べましたように、高等教育の無償化によって高等教育を受ける権利を保障していくかどうかが、私たちの民主主義社会のあり方を左右する重大な局面にあるからです。このとき、私たちが、選別型なのか普遍型なのか、どちらで制度構想をするのかが重要なポイントになることは間違いありません。このあたりもみなさんとの議論を通じて深めることができればと思います。

　以上で私からのコメントは終わりたいと思います。ご清聴、ありがとうございました。

《大会報告》大学評価学会第21回全国大会報告

第21回全国大会の概要・日程等

第21回全国大会実行委員会

岡山　　茂（早稲田大学）

石渡　尊子（桜美林大学）

菊池　芳明（横浜市立大学）

小池由美子（大東文化大学）

小山　由美（日本大学）

Ⅰ．概　要

1．テーマ：高等教育無償化の未来 ―日仏比較の視点から

2．趣　旨：

　フランスでは昨年6月から7月にかけて各地で暴動が起きた。移民系の若者が警官に射殺されたことがきっかけだった。マクロン大統領は警官の対応に問題があったことを認めながらも、秩序の維持は大切であると言うばかりでなにもできない。7月14日の建国記念日には何ごともなかったかのようにシャンゼリゼ大通りでパレードが行われ、エコール・ポリテクニークの生徒たちもナポレオン時代からの制服で行進した。しかし暴動にさいしてやり場のない怒りを爆発させた若者や、街路で彼らを蹴散らかした警官はどこに行ったのだろう。

　アシッド（ACIDES、酸っぱい奴ら？）という名の大学教員のグループは、2015年に『学費を止めよう！無償と解放の高等教育のために』という本を出版した。そのなかですべての学生のための「普遍的自律手当」（AUA：allocation universelle d'autonomie）を提言した。大学の学費が

41

ほぼ無償のフランスでも学生は生活するのに親の援助を受けねばならない。さもなければアルバイトをするが、学業がおろそかになって中退せざるをえなくなるケースも増える。だから学費の無償化に加えて、学生に生活費と住居費をすべからく配ることが必要だというのである。一定水準以上の収入がえられるようになった社会人はそのための基金に拠出する。さらに相続税や贈与税をみなおし、累進課税を徹底すれば、財源的には不可能ではないとアシッドはいう。

　アシッドはそれに加えて、大学の教育環境を改善するために学生一人あたりに支出する公的資金の額を、グランドゼコールおよびその準備級なみに引きあげることも提言している。

　老齢者の年金さえままならないフランスで、どうして学生のための「年金」なのであろうか。若者も老齢者のための年金デモに参加するフランスでは、不可能なことを求めること自体は不可能ではないかのようだ（本の最終章のタイトルは「レアリストであろう、不可能性を求めよう」となっている）。政治を動かしつぎの大統領選挙でAUAを公約に掲げる候補者が当選すればよいのである。

　シンポジウムではこうしたフランスの教員グループの提言の背景をさぐるとともに、日本とフランスの現状を踏まえながら高等教育無償化の未来を考えてみたい。

３．日　　時：2024年3月2日～3月3日
４．場　　所：早稲田大学早稲田キャンパス3号館305教室、対面とオンラインによるハイブリッド方式による開催
５．参加者：約45名

Ⅱ．日　程

3月2日

開会行事（大会実行委員長挨拶・参加にあたっての留意事項説明）

自由研究1（オンラインでの発表）

　　　　　　司会：菊池芳明（横浜市立大学）・小山由美（日本大学）

１．近藤真理子（太成学院大学）大学における「特別の教育的ニーズ」のある学生の現状と課題

２．川内紀世美（大阪健康福祉短期大学）島根県における高等学校卒業後の進路選択の課題―島根県議会議事録にみる「修学支援」議論から

３．多胡太佑（尹太佑）（北海道大学大学院教育学院修士課程）教育政策形成過程分析理論の批判的検討―韓国における半額登録金政策に注目して―

４．高木玉江（大阪成蹊大学）保育内容総論において「子どもの発達」をどう取り扱うか

５．垂髪あかり（神戸松蔭女子学院大学）青年期・成人期における重症児・超重症児の発達保障

会員総会

大会シンポジウム：「高等教育無償化の未来日仏比較の視点から」

　　　　　　　司会：川口洋誉（愛知工業大学）瀧本知加（京都府立大学）

　第一部

　　基 調 報 告：岡山　茂（早稲田大学）「マラルメの「文学基金」とアシッドの提言の連続性について」

　　コメント１：細川　孝（龍谷大学）　経営学の視点から

　　コメント２：石井拓児（名古屋大学）　教育行政学の視点から

　第二部

　　高等教育無償化の未来（ディスカッション）

３月３日

自由研究２（対面での発表）

　　　　　　　司会：菊池芳明（横浜市立大学）・小山由美（日本大学）

１．國本真吾（鳥取短期大学）障害者権利条約の対日審査を踏まえた高等教育における障害者の受入れに関する考察

２．松本圭朗（近畿大学）Ｚ短期大学における「教育方法論」の実践報告

３．西垣順子・李頌雅・外尾安由子（大阪公立大学）コロナ禍によるオ

ンライン授業本格実施時期における学生の学生生活に関する意識：
不安・悩みおよび大学に対する要望を中心に

4．横山岳紀（名古屋大学大学院／日本学術振興会特別研究員DC）ド
イツにおける大学授業料の導入と廃止：21世紀における展開

5．渡部（君和田）容子（名古屋女子大学）・渡部昭男（大阪成蹊大学）
子育て教育の地域共同システムからみた高校・大学等に係る修学支
援施策：京都府調査を中心に

課題研究

Ⅰ　教職協働

大学職員の内発性に基づく役割モデルの再構築に向けた国際比較研究
〈5〉　　　　　　　　　　　　　　座長：深野政之（大阪公立大学）

Ⅱ　発達保障

青年期の発達保障：「学生の学びと発達を支える『大学と社会の接続』
―青年の学ぶ権利の実質を保障しうる大学評価のあり方を探る（4）」
座長：西垣順子（大阪公立大学）

報告1：瀧本知加（京都府立大学）「大学生活から職業生活への移行
―教育福祉の観点からみた青年期職業教育機関としての大学」

報告2：古里貴士（東海大学）「青年期教育としての社会教育主事養
成―東海大学における実践から」

閉会行事（第Ⅸ期代表理事あいさつ）

《大会報告》課題研究Ⅰ　教職協働

大学職員の内発性に基づく役割モデルの
再構築に向けた国際比較研究〈5〉

深野政之（大阪公立大学）

菊池芳明（横浜市立大学）

光本　滋（北海道大学）

〈趣旨説明〉　　　　　　　　　座長　深野政之（大阪公立大学）

　高等教育のユニバーサル化による学生の変化と学習重視の教育環境への転換は、大学にその在り方の変革を迫ると同時に、その構成員である大学職員の在り方にも大きな変貌をもたらし、大学職員論という新たな研究領域の形成にも繋がった。しかし大学団体での会合や個別大学内の研修等で語られる経験的大学職員論や、職員を中心に構成される大学行政管理学会等での事例報告を中心とした実践的研究と、研究としての大学職員論との間には大きな乖離があることも指摘される（羽田貴史、2013年）など、未だ萌芽的段階にある。

　日本の大学職員に対する新たな役割モデルを描き出すには、日本の大学経営、職員の構造的特徴を踏まえた、欧米型とは異なる職員の役割モデルを提示する必要がある。濱口桂一郎（2013年）は日本の民間企業総合職の特徴を「メンバーシップ型」というモデルに基づき説明したが、日本の大学職員もまた同様の「メンバーシップ型」であり、必ずしも明示的な職務分掌に基づかない協働による業務遂行や暗黙知の重要性など、「ジョブ型」と定義される欧米型専門職モデルとは異なる特徴を有している（ジョブ型とメンバーシップ型の定義について、本研究では提唱者である濱口による定義に従う）。

45

第1期科研〈2018-2020年度〉による検討では、メンバーシップ型としての日本の大学職員の特徴として①強い共同体性、②専門性への忌避（総合職志向）、③強い独立性を持つ"事務局"への一元化、の3点を抽出した。

　第2期科研〈2021-2023年度〉による調査活動では、韓国・台湾の大学職員ともにメンバーシップ型を基本的モデルとしながらも、それぞれの法制度と歴史的枠組みの中で日本の大学職員とは異なった特徴を持つことが明らかとなった。

　日本において、かつて盛んに論じられたアメリカ型専門職モデルへの移行が実現していないのは、日本の大学職員が「メンバーシップ型」という、欧米では一般的な「ジョブ型」とは大きく異なる雇用労働システム下にあり、システム全体の差異を無視して「ジョブ型」に移行することは、それが職員の内発的必要性に発するものでは無かったからである。

　本研究計画は、これらの成果を踏まえて新たにどのような役割モデルが求められるのかを、社会的・地理的・政策的近似性を有し、政府主導による大学改革という政策面ではむしろ先行している韓国・台湾との共同研究を通じて明らかにしようとするものである。

　第3期研究計画では、第1期科研〈2018-2020年度〉、第2期科研〈2021-2023年度〉による研究成果を踏まえ、研究計画を再構成した上で、新たな役割モデルの提言を課題とする。2018年には2度にわたる台湾での訪問調査、2019年には韓国と台湾で訪問調査を行い、韓国においては大学行政管理学会との共同企画により国際研究集会を開催した。2023年8月には韓国・釜山の3大学で訪問調査を行った。また学会誌への調査報告採録（2回）、学会・研究会報告（5回）など、当初の研究計画を超える調査活動と研究成果発信を行った。理論研究においても、コロナ禍により海外訪問調査ができなかった時期に重点的に文献調査と、韓国・台湾の法制度に係る情報収集を進め、日本及び欧米諸国との比較検討を進めることができた。これまでの現地調査及び情報収集を踏まえ、現段階で得られている知見は以下の通りである。

■韓国では一括的な採用形態と定期的な人事異動が存在し、特定の専門

性に基づいて採用された職員であっても人事異動の対象となることが
複数の大学で確認された。

■韓国では、1990年代までは組織や階層性において日本の事務組織との共通性が存在していたが、近年の改革により大きく変容しており、特に組織のフラット化は意思決定等の迅速化に寄与しているとの認識が、調査対象とした複数の私立大学で示された。

■台湾においても採用、人事異動に関してメンバーシップ型との類似性が認められたが、一括採用と定期人事異動を行う大学がある一方で、特定部門での採用と本人希望による異動を組み合わせる大学も存在しているなどジョブ型に類する特徴も確認された。

■韓国・台湾とも、職員は学内において"事務局"のような形で一元的に組織化されてはおらず、教員組織（学部等）と同様に学長のもとにある個別部署に所属している。

　日・韓・台の大学には採用や昇進などの点ではメンバーシップ型に類する同質性が見られるものの、それ以外の様々な相違に加え、近年の改革に伴う変容も進んでいる。日本の職員は具体的な職務として規定されない、明示的な職務分掌や役割分担がない様々な業務を遂行している。1990年代までの韓国・台湾も同様であったが、事務組織のフラット化、人事評価等の改革に伴って韓国・台湾とも独自の変化が見られる。

　能力向上に基づく職員の内発的な役割拡大のためには、現状を踏まえた新たな制度設計と意識改革が必要とされる。日本の民間企業等に見られるメンバーシップ型モデルと同様に、メンバーシップ型雇用労働システムをもつ韓国・台湾の大学職員との比較により、組織内に蓄積された暗黙知の継承・発展をも可能とする新たな役割モデルを提示することを目指す。

Ｉ．メンバーシップ型としての事務職員の３つの特徴と今後の展開

菊池芳明（横浜市立大学）

　これまで２回の科研採択研究を通じて、「日本の大学の事務職員の本質を

"メンバーシップ型"であるという点に求め、その特徴、課題の追求」を行ってきた。そのとりあえずの総括については、大学評価学会第20回大会における基調報告、大学評価学会年報第19号において行っているが、今回は、メンバーシップ型としての日本の大学事務職員の特徴として抽出した「強い共同体性」「非専門性（専門性への忌避）」「事務局という組織内組織への一元化」という3点について、あらためて先行研究や関連する調査等を概観し、今後の研究の方向性を探ってみたい。

1．強い共同体性

メンバーシップ型雇用の下にある人々によって構成された組織は、組織の目的の達成のための単なる機能的存在ではなく、同時にメンバーシップ型の雇用契約を結んだ人々の「共同体」であるという特徴を持っていると考えられる。

（1）産業社会学、労働社会学、経営学等における先行研究

この点については、過去、間宏、稲上毅をはじめとする産業社会学、労働社会学の分野で蓄積がなされてきた。そこで指摘される日本の企業共同体は、他国のそれに比べ構成員の価値観や行動をより強く拘束、影響を与えるものであり、一体性と自己犠牲を求める「和」の重視、忠誠心とその証明の要求、共同体内部‐外部の内部優先での分離などの特徴を持つとされた。

また、近年のものとしては、21世紀における日本企業の不振の原因をその「共同体」的性格に求め、そこからの個人の「分化」の必要性を訴える、経営学者の太田肇による一連の研究がメンバーシップ型としての事務職員の今後の在り方を考える上で示唆に富んでいる。

その他、日本型経営における職場管理を同僚同士の「相互監視と相互扶助とが結びついた独特の水平的人間関係」に基づく水平的管理として捉え、それが恩恵であると同時にストレス要因ともなるという両義性を指摘する大野正和の研究も重要な視点を提供している。

（2）共同体に由来するムダな業務、非効率性

組織が同時に共同体でもあり、採用や人事考課においても共同体における人間関係等への考慮が少なからぬ比重を占めるということは、機能的組織に

おける純然たる目的遂行のための業務以外の、共同体の人間関係等のための
活動が日常的に行われるということになる。

　この点に関連する調査として、2023年4月にリクルートワークス研究所
が発表した「『企業のムダ調査』エグゼクティブサマリー」がある。そこで
は「自分は必要性は感じないが、上司や関係者が必要だと言うので実施して
いる業務・作業」「上司や関係者間の方向性や意見の不一致に対応するため
の業務・作業」「付き合い仕事、付き合い残業」等の共同体に関わると思わ
れる選択肢が回答の上位に挙がっている。

　事務職員については、そもそも大学職員に関する調査自体が限られている
こともあり、関連するものはほとんど見いだせないが、東京大学　大学経営・
政策研究センターによる「大学事務組織の現状と将来　第2回全国大学事務
職員調査」において業務に占める「組織内での調整・合意形成」のウェイト
を問う設問があり、「大きい」とする回答が46.3％を占め、特に国立大学で
は50.2％に達している。

（3）エンゲージメント、職場満足度に関する各種調査

　ギャラップ、コーン・フェリーなどの近年の複数の国際調査で、日本の会
社員のエンゲージメントが世界最低レベルであることが確認されている。ま
た、複数のISSP国際比較調査においても、日本人の仕事満足度は低いとい
う結果が出ている。

2．非専門性（専門性の忌避）

　メンバーシップ型の特異な特徴の一つが、数年で組織内の様々な部署を渡
り歩くジョブ・ローテーションという人事制度である。数年で様々な部署、
業務の異動を繰り返し、異動先の予測も困難なため、特定の専門性を持つイ
ンセンティブは働かない。むしろ「専門性を持ったらおしまい」「特定分野
の専門家は視野が狭い」という価値観さえ根強く存在しており、その根底に
ある「職務遂行能力」（日経連,「能力主義管理　―その理論と実践―」,1969
年）という、「体力×適性×知識×経験×性格×意欲」として定義され、実
際の運用では意欲、態度、忠誠心、（同質性を前提とした）コミュニケーシ
ョン能力などが重視される曖昧な能力観は、プロフェッショナルの「専門性」

とは全く異なるものである。その結果、業務それ自体に関する学習が低調なものとなるのは論理的な帰結として当然のことと考えられる。

(1) 日本人、会社員等の学習傾向

日本人の成人の学習が国際的に極めて低調であることは官民を問わずこれまでの多くの研究、調査で指摘されており、この傾向は近年においても変化はない。

例えば、パーソル総合研究所「APAC就業実態・成長意識調査（2019年）」では日本人の就業者の自己学習は調査したほぼ全ての項目で調査対象14か国中最下位であり、「大学、大学院、専門学校」での学びは全体平均15.2％に対して4.6％、「とくに何も行っていない」は全体の平均が13.3％であるのに対し46.3％などとなっている。

また、リクルートワークス研究所「全国就業実態パネル調査2018」では、雇用者のうち自己学習を行っているのは33.1％、学習を行わなかった理由として51.1％が「あてはまるものはない」、つまり「学習しないこと」に特に理由はないと回答している。言い換えれば、「学習すること」の方にこそ、特別な理由が必要であるということになる。

同様の傾向は、厚労省所管の独立行政法人である労働政策研究・研修機構の複数の調査でも確認できる。

(2) 事務職員の学習傾向、能力

この点についても事務職員に限定した先行研究、調査は十分に存在してはいない。前出の東京大学　大学経営・政策研究センター「大学事務組織の現状と将来　第2回全国大学事務職員調査」を見ると、勤務時間外に仕事に役だつ学習をしているかという設問があり、「関連する書籍や雑誌を読む」「学外の研修・情報交換会に参加する」「大学院などの教育機関に通う」という3つの質問に対し「よくしている」「ある程度している」「あまりしていない」という3つの選択肢が示されている程度である。

また、事務職員が中心となっている大学行政管理学会における現在までの職員研究の一つの到達点と言える、木村弘志による「大学職員人事異動制度の実証的研究　職務遂行高度化への効果検証」（2023）では、事務職員の「職

場」及び「経験分野」の異動実態を軸に分析を行い、メンバーシップ型の最大の特徴の一つである人事異動制度は事務職員の能力の高度化につながっており、能力の活用も阻害していないと結論している。当該研究は、事務職員の「学習」ではなく、異動による業務経験等と「能力」の関係を扱うものであるが、「能力」「専門性」という概念のあり方も含め、メンバーシップ型としての事務職員の特徴、課題を抽出しようとする我々の観点に対する相対的な視点を与えてくれるものである。ただし、メンバーシップ型人事システムを前提としてその枠内での「能力」を扱う研究であるため、それを対象化、相対化する我々の研究とは分析の前提、出発点自体が大きく異なっている。

（3）大企業等での"ジョブ型"導入の拡大

近年、日立製作所をはじめとする大企業で"ジョブ型"人事制度の導入が進んでいる。その多くは濱口から「間違いだらけ」と評される、成果主義的要素やメンバーシップ型的要素を含むものであり、また、導入開始からまだ数年程度しか経ていないこと、運用実態について十分な情報がないことなどから現時点での全容の把握や評価は困難であるが、従来のままでのメンバーシップ型中心の人事システムの維持には限界があるという認識が産業界で拡大していることは注目すべきと考える。

また、大学においては、「ガバナンス改革審議まとめ」を受けた第3の職としての「高度専門職」の制度化は挫折したものの、部分的な政策的促進や実態的ニーズへの対応でIRer、URA、学務教務系専門職などの専門職が増加している。

さらに、近年、阪大、帝京大などにおいて事務職員の人事制度の枠内で、「専門職」「プロフェッショナルコース」などの名称で専門性を確保しようとする動きも生まれている。

3．強い共同体性と非専門性（専門性への忌避）の関係

これまであまり強調はしてこなかったところであるが、「強い共同体性」と「非専門性（専門性への忌避）」は強い相互関係を持つと考えられる。

メンバーシップ型の共同体は、同質性を特徴とし、通常の専門性とは全く異なる能力観（職務遂行能力）、具体的にはジョブ・ローテーションの繰り

返しによる業務経験の蓄積と長期雇用下での職場共同体内の人間関係やコミュニケーション等の「作法」への精通を能力とみなす人的集団であり、特定分野での体系的知識や技能を基盤とする専門性の獲得は、その共同体からの逸脱に繋がりかねない。メンバーシップ型の共同体への所属は、専門性獲得へのインセンティブを生まないし、逆に専門性を持たないということは、それ以外の能力評価基準を持つメンバーシップ型の共同体から逸脱するわけにはいかないことを論理的に意味する。

　また、人間の能力も時間も有限であり、その観点からは「所属する共同体、小共同体に適合した『空気や人間関係を読み』『波風を立てずうまく立ち回る』能力の獲得とブラッシュアップ」や「共同体における人間関係や小共同体間関係等への配慮、調整等に要する時間」は「『業務に関する専門的な知識、スキルという能力』の獲得やブラッシュアップ、その能力を実際に業務に活用する時間」とトレードオフの関係になる。

4．事務局という組織内組織への一元化

　国内大学においては、基本的に事務組織は「事務局」という組織内組織に一元化されている。「メンバーシップ型」という独特の特性を持つ「共同体」が組織面においても「事務局」という組織内組織に一元化されることで、組織というオモテと共同体というウラの双方で独立性、閉鎖性、完結性を持つ非常に強固な存在となる。特に、事務職員の人事が基本的に事務局内で独立、完結しており、同じメンバーシップ型である事務局内の上司、上級管理職の評価が決定的に重要である点は、メンバーシップ型の共同体の維持、再生産に大きく影響していると考えられる。

　事務職員ではなく「事務局」に焦点を当てた先行研究、調査も極めて少ない。代表的なものとして私立大学協会の附置研究所である私学高等教育研究所が2010年代に行った一連の調査研究があり、組織としての「事務局」やその下部組織、事務局の長である事務局長の中期計画策定等での影響力、理事会における職員出身者の割合などが明らかにされている。

5．先行研究、調査を踏まえた今後の検討課題

　以上のような先行研究、調査から浮かび上がるのは、機能的組織における

業務だけでなく、共同体の人間関係の調整にも少なからぬ能力、時間の配分を求められ、強いストレスを感じ、仕事への自発的意欲や満足を得にくく、業務それ自体に関する専門的知識やスキルを獲得するインセンティブにも乏しいといったメンバーシップ型の負の側面である。

　メンバーシップ型としての事務職員のあり方については、これら先行研究、調査を踏まえ、①先行研究、調査の多くは民間企業の正社員を対象としたものであり、事務職員においても同様の傾向、課題が見いだせるか、②大学という組織における固有の特質－教員との関係、学問の自由、大学自治等－とメンバーシップ型としての事務職員の関係、という2点を基本としたうえで、具体的には以下のような様々な検討課題が考えられる。事務職員を巡っては、これまで十分な研究や調査の蓄積がなされているとは言い難いうえに、そもそも事務職員の本質をメンバーシップ型として捉える観点からの本格的な調査研究はこれまで存在せず、その意味では以下のような課題についての調査やそれを踏まえた分析は、職員研究にとどまらず高等教育研究全体にとっても意義のあるものとなると考えられる。

（1）強い共同体性

　事務職員の共同体性については、以下のような点が検討すべき課題として考えられる。

・日本の会社員等のエンゲージメントや満足度の低さは事務職員においても同様か
・共同体内の人間関係への配慮などは機能的組織としての大学業務に非効率性をもたらしているか
・共同体における人間関係、コミュニケーション、忠誠心、意欲等を重要な点として評価する情意考課の実態
・共同体のウチとソトを区分し、前者を優先するメンバーシップ型の共同体の在り方は教員組織、教員、専門的職員、非正規職員などの事務局、事務職員以外の大学の組織、構成員との関係に影響を及ぼしているか
・メンバーシップ型の共同体が持つ秩序観、同調圧力は大学自治、学問の自由に関する事務職員の認識、態度に影響を及ぼしているか

・大学に対する「社会の要請」「社会的ニーズ」等、事務局や事務職員によってしばしば援用される「社会」－言い換えれば、共同体の入れ子構造における事務職員にとっての上位共同体－は何か

（2）非専門性（専門性の忌避）

非専門性（専門性の忌避）については、以下のような検討課題が考えられる。

・「職務遂行能力」という能力観と事務職員が現在及び将来において求められる「専門的能力」との関係

・「職務遂行能力」に立脚するメンバーシップ型の事務職員は、専門性に立脚する高度なジョブ型である教員、教員集団をどう見ているか

・大学院をはじめとする外部での学びに積極的でないメンバーシップ型の事務職員と外部での学びを評価しない、支援しないメンバーシップ型人事制度、事務局という組織の在り方

・大学におけるジョブ型職員やメンバーシップ型への限定的専門性付与の試みは進むのか？

（3）事務局という組織内組織への一元化

事務局という組織内組織への一元化については、以下のような検討課題が考えられる。

・事務局の大学の意思決定における影響力の「実態」、特に「原案作成」や「調整」を通じて行使される影響力

・国立大学法人化時に幾つか存在した各担当副学長下への事務部門の分散の試み、「事務局」に一元化されていなかった若干の私立大学など、「事務局という組織内組織への一元化」の例外的存在のあり方

Ⅱ．国立大学事務職員制度の分析

光本　滋（北海道大学）

はじめに

本報告では、大学事務組織のあるべき姿、大学事務職員のあるべき姿の追求に資することを目的として、国立大学の事務職員制度を検討する。本報告が就業規則に注目する理由は、大学職員の職務・労働のあり方を示す基本資

料であること、公表資料であること、事務職員の人事制度の問題点をよく示していると思われること、の三点である。

1．法人化以前の国立大学事務職員制度

前提として、国立大学の事務職員制度の変遷について確認しておきたい。

周知の通り、事務職員を含む国立大学の職員は2004年度に国立大学法人が法人化されたことに伴い、「非公務員化」された。2003年度以前、国立大学の事務職員は教育職員（教員）ら他の職員とともに国家公務員であった。

国家公務員制度の下にあっても、教員の人事に関しては、大学における「学問の自由」を保障するために、教授会が候補者の選考をおこなうこと等を定めた教育公務員特例法によることとされていた。これに対して、事務職員の人事に関しては、法律上の特例規定は存在しない。したがって、その人事は省庁の一般職員の人事と同じく、国家公務員制度の一環であった。

とはいえ、事務職員の人事にも、「国立大学の職員」であることの影響を認めることができる。2003年以前の事務職員の人事制度に特に影響したのは、級別の職員定数（後述）が国立大学特別会計制度の中で配分されてきたこと、各大学の組織は国立大学の根拠法である国立大学設置法の施行規則により規定されてきたこと、の二点だろう。

前者は、事務職員の昇任の制約条件である。昇任とは、職員を上位の「職級」（「職務の級」）に任用することである（国家公務員法35条）。「職級」は、複雑・困難・責任の度合に応じて、人事院が定める俸給表に分類される（一般職の職員の給与に関する法律6条3項）。このことにより、各国立大学は組織内で積んだ業務経験を職員の処遇に結びつけることが困難であった。

後者に関して、各学校の定員を定める別表が政令化されたこともあった（1954年）。しかしながら、総定員法の制定に伴い削除（1969年）された。以後、国立大学では職員が互いに定数を奪い合うことになり、各大学は教員数の削減を逃れるために事務職員を削減してきた。その結果招いたのが、定員外職員（非常勤職員）の急増であった。

これらは、国家公務員法制の問題であると理解されるが、国立大学法制の独自の面が存在していたことも事実である。それゆえ、事務職員の人事制度

上の問題を解決するには、他の問題の解決と並んで、国立大学制度を抜本的に解決する必要があることが指摘されていたのである。

2．国立大学法人の就業規則（本則・細則）の動向

2004年以降、国立大学法人の職員の人事制度は、私立大学、民間企業と同様に、就業規則により律することとされた。就業規則は使用者の責任により作成するものであるから、その内容は法人毎に異なる。さらに、同一の法人であっても、事業場がわかれる場合には複数の就業規則がつくられることになる。

このように、多数存在する国立大学法人の就業規則は、法人化以前の人事制度を定めていた人事院規則と異なっているのだろうか。また大学毎の違いは存在するのだろうか。これらのことを確認するために、82国立大学法人（2024年3月1日時点）の就業規則の昇任に関する規定を総覧した。

検討の対象とした就業規則は、①「国立大学法人〇〇大学職員就業規則」等の、いわゆる本則、②「職員給与規程」、③「職員の初任給、昇格、昇給等の基準に関する細則」、④「級別資格基準表」である。これらのうち、①は東京学芸大学を除く81国立大学法人のものをインターネットで確認することができた。ところが、②〜③は確認できない大学が多い。これらの大学は、果たして②〜③の文書を備えていないのか、公表していないだけなのかは不明である。

検討は、就業規則の項目の中で、国立大学、および各大学の事務職員の人事制度の特徴を最もよく示すと考えられる職員の昇任に関する規定を中心におこなった。

一部の法人（茨城大学・三重大学）では、「昇任」ではなく「昇進」の語を用いているものの、基本的にすべての就業規則に昇任に関する条項が存在する。職員の昇任に関連する用語としては、「選考」（競争試験によらない採用・昇任人事上の決定方法）、「昇格」（給与表上の高位の級への異動）、「標準職務」（各職の標準的な職務を規定）、「資格基準」（各級へ到達することのできる最短の年数）の語がほぼ共通に見られる。これらの用語については就業規則中に定義しているケースもあるが、その数は少ない。多くは前身の人

事制度である人事院規則の語法を踏襲しているものと推測される。

（1）人事評価の主体、内容、手続き

以下に、昇任に関する規定の一例として弘前大学のものを掲げる。

○国立大学法人弘前大学職員就業規則
（昇格）
第13条　職員の昇任は、選考による。
2　前項の選考は、その職員の勤務成績及びその他の能力の評価に基づいて行う。

このように「勤務成績」、「能力の評価」により昇任の選考をおこなうという規定の仕方は、「評価」を「評定」とするなど若干表現が異なる場合はあるものの、大多数の国立大学に共通する。就業規則中、これらに加えて他の観点を入れることを明示しているのは、東海国立大学機構（「適性」）、鳥取大学（「業績の評価」）のみである。

さて、弘前大学では、人事評価の結果の利用の仕方として昇任以外に昇格があること、および昇格させることができる場合の基準を、以下のように給与規程、および細則により定めている。

○国立大学法人弘前大学職員給与規程
（昇格）
第11条　職員就業規則第13条の規定により昇任した職員については、その職員の職務に応じ、その職員の属する職務の級を1級上位の職務の級に昇格させることができる。
2　前項のほか、職員の人事評価の結果を考慮し、その者の属する職務の級を1級上位の職務の級に昇格させることができる。
ただし、教育職俸給表（二）及び教育職俸給表（三）の適用を受ける職員を除くものとする。

○国立大学法人弘前大学職員の初任給、昇格及び昇給等の基準に関する細則
（昇格）
第20条　職員を昇格させる場合には、その職務に応じ、かつ、級別資格基準表に定める資格基準に従い、その者の属する職務の級を1級上位の職務の級（同表の表中の資格基準を「別に定める」こととされている場合で別に定めるときに限り、上位の職務の級）に決定するものとする。
この場合において、その職務の級について必要経験年数及び必要在級年数が定められているときはそのいずれかを資格基準とする。
2～4　〔略〕

このような規定の仕方も、かなりの数の国立大学法人に共通に見られるものである。就業規則の本則中に「別に定める」としている大学（東京農工、神戸など）はもとより、本則で言及していない場合でも、ほとんどが昇任に関する規定を別途制定している。そして、多くの場合、昇任に関する規定は、弘前大学と同様に、①給与規程、および②給与規程の細則により定められている。

　その一方で、弘前大学は、人事評価の主体や評価の手続きに関して示していない。これらを示している大学は極めて少なく、筆者が確認できたのは、山形大学、熊本大学だけであった。

　山形大学の規則は、最終的な選考権を持つ者が学長であることは他の国立大学と同様であるものの、役員会に選考権があることを示している。このことは重要であると思われるけれども、役員会に原案を提示する主体、評価方法は明らかでない。

　熊本大学の規則は、選考に際して「組織運営能力」、「企画力」、「的確かつ円滑な業務処理能力」等を「総合的に勘案」すると定めている。就業規則（本則）より詳しいものの、なお抽象的である。採用選考においては総務部長、総務部人事課長を中心とする人事委員会を組織すること示している。

　昇任選考ではないが、長崎大学では、採用選考の際の主体を内部規則に明示している。その特徴は、①事務を一般事務（総務、財務、学務）と一般事務以外（図書系、施設系技術、教室系技術、その他）に区分していること、②一般事務職員の選考権を事務局長に一括していること、である。

　多くの大学では、長崎大学と同様に、事務職員の採用を一般事務、図書系等に区分し、選考しているのではないかと思われる。しかしながら、このことを就業規則により確認できる大学は極めて少ない。

（2）職務と級

　級別標準職務表とは、職員の職務をいくつかの「級」にわけ、各級の標準的な職務を定めたものである。すべての国立大学法人が備えているものと思われるが、インターネットにより外部から閲覧することが可能な法人は26（旭川医科大学、弘前大学、岩手大学、宮城教育大学、山形大学、福島大学、筑

波大学、電気通信大学、一橋大学、長岡技術科学大学、北陸先端科学技術大学院大学、富山大学、福井大学、豊橋技術科学大学、東海国立大学機構、奈良国立大学機構、神戸大学、鳥取大学、香川大学、鳴門教育大学、高知大学、福岡教育大学、九州工業大学、大分大学、長崎大学、熊本大学）にとどまる。

　通覧すると、級の数は、10段階（１級〜10級）の大学が15、９段階が９、８段階が２である。各大学とも、係長は３級、課長は５級を標準的な職務としている。このほか、「困難な業務」を担当する場合、上位の級へ昇格することも可能としている大学は多い。ただし、このようなかたちで昇格できるのはせいぜい１級止まりである大学が多い。すなわち、例えば主任の職務を２級、「困難な業務」を担当する場合３級としている大学では、４級以上に到達するためには、係長以上のポストにつかなければならない。

　例外は岩手大学である。岩手大学では、事務職員を「事務職員」と「専門職員（事務系)」の二系列にわけている。前者の標準の級と職位の関係は、他の多くの大学と類似しているが、後者は「専門職員」から「専門員」に昇任することにより、事務職員が課長等のポストにつかなくても６級まで昇格することを可能としている。このような人事制度は、技術職員に関しては多くの大学で見られるが、事務職員に適用しているのは確認できる範囲では岩手大学だけである。岩手大学の就業規則は、「任用基準」、「昇格基準」を明示している点でも他に例を見ないものであり注目される。

岩手大学の級別標準職務表（就業規則　別表第２（第11条関係))

	職　　　位	任 用 基 準	標準の級	昇格の級	昇 格 基 準
事務職員	事務局長 大学の事務を統括し、調整する。	大学事務に関する高度の管理・運営能力を有すると認められる者	一般（一）8級	9級	勤務成績が特に優秀な者で、在職状況及び在級年数を総合的に判断
	部長・次長 上司の命を受け、部下の職員を指揮監督し、部の事務を掌理する。	部の事務に関する高度の管理・運営能力を有すると認められる者	7級	8級	勤務成績が特に優秀な者で、在職状況及び在級年数を総合的に判断
	課長・事務長 上司の命を受け、部下の職員を指揮監督し、課又は学部の事務を掌理する。	課又は学部の事務に関する高度の管理・運営能力を有すると認められる者	5級	6級	勤務成績が特に優秀な者で、在職状況及び在級年数を総合的に判断

	主査（副課長・副事務長） 上司の命を受け、担当の事務を処理し、グループの事務を総括整理するとともに、部下の職員を指導する。また、課長又は事務長に事故があるとき、課長又は事務長が不在のときは、その職務を代理する。	担当する事務、課又は学部の事務に特に高度の知識及び処理能力並びに部下の指導能力を有すると認められる者	4級	5級	勤務成績が特に優秀な者で、在職状況及び在職年数を総合的に判断
	主査 上司の命を受け、担当の事務を処理するとともに、部下の職員を指導する。また、グループリーダーに指名された者は、グループの事務を総括整理する。	担当する事務に特に高度の知識及び処理能力並びに部下の指導能力を有すると認められる者	3級	4級	勤務成績が特に優秀な者で、在職状況及び在級年数を総合的に判断
	主任 上司の命を受け、相当の知識又は経験を必要とする事務を処理する。	担当する事務に高度な知識及び処理能力を有すると認められる者	3級		
	主事 上司の命を受け、担当の事務を処理する。	担当する事務を適切に処理する能力を有すると認められる者	1級	2級	勤務成績が特に優秀な者で、在職状況及び在職年数を総合的に判断
専門職員（事務系）	（専門分野）専門員 上司の命を受け、特に高度の専門的な業務を処理する。	取得困難な資格を有し、担当する業務を適切に処理する能力を有すると認められる者又は特定の専門分野に特に高度の知識及び処理能力を有すると認められる者	一般（一）4級	6級	勤務成績が特に優秀な者で、在職状況及び在級年数を総合的に判断
				5級	勤務成績が特に優秀な者で、専門員歴等を総合的に判断
	（専門分野）専門職員 上司の命を受け、高度の専門的な業務を処理する。	特定の専門分野に高度の知識及び処理能力を有すると認められる者	3級	4級	勤務成績が特に優秀な者で、在職状況及び在級年数を総合的に判断

　このほか、熊本大学では、就業規則上の職員の区分に「高度専門員」の職名があり、標準職務表では「特定の分野について特に高度の専門的知識又は経験を必要とする困難な業務を処理する職務」が５級に位置づいている。同様の規定は他大学にも見られる。標準職務表上の職を明示しない職務の規定がどのような役割を果たしているのか解明する必要がある。

3．考察

　これまで述べてきたことに加えて、国家公務員制度との比較をおこない、若干の考察をすることでまとめとしたい。

　国家公務員の人事制度においては、職員の昇任・昇格に関して、任免権者

は、官職の区分に応じて、人事評価の結果が良好であること、および懲戒処分を受けていないこと等、一定の要件を満たす職員を候補者として、候補者のうち「能力及び適性を有すると認められる者」の中から、「人事の計画その他の事情を考慮した上で、最も適任と認められる者を昇任させることができる」とされている（人事院規則8-12、25条）。人事評価とは、「任用、給与、分限その他の人事管理の基礎とするために、職員がその職務を遂行するに当たり発揮した能力及び挙げた業績を把握した上で行われる勤務成績の評価」（国家公務員法18条の2、1項）とされ、国家公務員法の規定（70条の3、2項）に基づき、政令（「人事評価の基準、方法等に関する政令」）により評価の主体や手続きを定めている。

　これら国家公務員の人事制度と比べると、国立大学法人の就業規則は昇任の選考に際して「能力」と「業績」（「勤務成績」）の評価をおこなうとしている点に共通性を認めることができる。一方、人事評価の主体や手続きに関しては、明示している例が極めて少ない。また、国家公務員法制が職員の昇任の際に考慮する事項としている「人事計画」に言及している例は見あたらない。これらのことは、国立大学「法人」の職員の人事管理主体として脆弱であることを物語っているように思われる。

　一方で、事務職員に関しても、専門職員として高位の級に到達しうる例があることは注目される。これら国家公務員法制にはない人事制度は、大学関係者の努力により生み出したものだろう。その過程や運用の実態を把握し、教訓とすべきことがらを共有することは重要な課題である。

※本稿は、大学評価学会第21回大会課題研究Ⅰ「教職協働」における報告を元に加筆したものである。本稿をまとめるにあたり、各大学の就業規則のほか、以下の文献を参考にした。

● 　日本教職員組合大学部編『大学調査時報』No.2、1976年1月
● 　日本教職員組合大学部編『大学調査時報』No.15、1978年11月
● 　渡辺恵子『国立大学職員の人事システム　管理職への昇進と能力開発』　東信堂、2018年

Ⅲ．「大学職員の内発性に基づく役割モデルの再構築に向けた国際比較研究《5》」へのコメント

2024年3月3日　細川　孝（龍谷大学）

1．「企業」が「事業」を「経営」する

・企業、事業、経営〈3つのターム〉で捉える。

・この場合、企業と事業が営利であるか非営利であるかを問わない〈共通の視点〉。

・それぞれの組織（継続的事業体）固有の事業目的を有する〈存在意義〉。

2．大学という組織（継続的事業体）をどう考えるか

・個別大学を超えた「学術の共同体」〈大学界〉。

・個々の大学という共同体（継続的事業体）。

・教育職員と事務職員という職域の違い。

　※教育職員においては「教授会の自治」、事務職員においては「職階制」。

・（教育職員、事務職員ともに）正規雇用と非正規雇用という雇用形態の違い。

　※森岡孝二の「雇用身分社会」の一つの典型。

・教育職員においては研究分野の違い。

・教育職員、事務職員が組織する労働組合（基本的には企業別労働組合という制約と同時に、教職共同（協働）の担い手として機能してきた）。

・営利企業化する大学、国家に統制される大学。

3．大学職員論を論じるに際して

・事実の解明が何よりも重要。

・採用－配置・人事異動・昇給・昇格など―退職までの一連のプロセスを捉える。

・日本的な職能主義は大学においても同様に機能している。

・日本企業の人事労務管理の変化の実態をつかむ。

　※ジョブ型・メンバーシップ型は「頭に入ってきやすい」が、それが全面的であるかどうかの吟味が必要。かつて言われた「日本的経営」（終身雇用・年功賃金・企業別労働組合）は大企業の男性正社員中心の「慣行」に過ぎない。（なお、大企業の男性正社員でも定年まで「勤め上げる」

労働者は限定的であった）。

・大学における事務組織の構造はどうなっているか（法人、大学によって多
　様）。

・公式組織と（に加えて）非公式組織。

　４．本課題研究のパースペクティブ

《大会報告》課題研究Ⅱ　青年期の発達保障

学生の学びと発達を支える『大学と社会の接続』
（学ぶ権利の実質を保障しうる大学評価のあり方を探る〈4〉）

西垣順子（大阪公立大学）

瀧本知加（京都府立大学）

古里貴士（東海大学）

Ⅰ．課題研究の趣旨

　本企画を考えたきっかけは、2023年8月に座長が参加した社会教育関係の集会で、保育士、地域の図書館司書、子育てサークル参加者など多様な方々が部会を開いているのを見て、「多くの学生はこういう場の存在を知らない」と思ったことにある。大学の学修成果として「卒業後も学び続ける力」が挙げられるが、8月の集会に集っていた方々は、卒業後も学び続け、互いの学びを支え合い続けている。だが大学のカリキュラム作りや評価において、そういう姿は想定されているだろうか。

　大学の教育目標として語られる言葉の背景にある考え方が、エリート教育時代から脱皮できないままであり、ひずみをもたらしていることに気づかされる。私たちが日々接している学生は、自らと互いの弱さと向き合いつつ希望をもって成長していく。卒業後にも在学中にも、大学の内外にある様々な学びあいや支え合いとつながっていくことが重要で、大学教育・高等教育のそのような側面を積極的に評価していく必要があるのではないか。

　このような観点から本日は、それぞれ職業教育と社会教育の研究をしてこられた瀧本会員と古里会員に話題提供をしていただくことにした。教育と社会の接続、つながりについて、深い議論ができればと思う。

学生の学びと発達を支える『大学と社会の接続』

Ⅱ．第一報告：瀧本知加（京都府立大学）「大学生活から職業生活への移行：教育福祉の観点から見た青年期職業教育機関としての大学」

1．学部主催の就職説明会に参加した学生の思い

先日、公共政策学部主催の就職説明会を行った。17団体のプレゼンを学生が聞き、個別ブースで相談というものだった。学生の参加理由として多かったのは、「学内で行われていた」「色々な仕事について知りたかった」「これからの就職活動の参考にしたかった」で、「就職先を探しに」は2年生が多かったこともあり少なくなかった。この説明会が始まったのは、福祉職の卒業生から「学生に仕事内容を知ってほしい」という要請があったからである。実際、就職活動に際して知りたいことを学生に問うと、「仕事の内容」がトップにくる。このような場の設定は大学が学生のためにできることの1つで、大学後半での学びを進めていこうとする2年生にとって特に大事な場だったと思う。

2．青年期職業教育機関としての大学：教育福祉という概念の可能性

青年期職業教育機関というのは報告者が独自に使っている枠組みである。青年期教育と職業教育は重なりが多いが、そのことを踏まえた研究は少ない。職業教育は工業系の生産教育や高等学校段階の実業教育の枠組みで研究されたり、教育学では、教育社会学で階層移動の手段として研究されるくらいである。これだけでは足りないので「青年期教育」という概念も加えた。

青年期教育は、小川利夫が言う「二重の青年期」の問題、すなわち勤労青年と就学青年の断絶、特に「働かなければならない青年」の教育権保障の不十分さという問題意識で進められてきた。大学の大衆化で、2つの青年期がどうなっているかを考えないといけない。ノンエリートという言葉でとらえようとする研究もあるが、エリートが中心であるようで好きではない。教育福祉の観点からこの問題を捉えなおせないかと考えている。

3．知識基盤社会論と高等教育

2005年の中教審答申「我が国の高等教育の将来像」に示されている知識基盤社会論を抜きに、高等教育段階の職業教育を語るのは難しい。新しい知

識・情報・技術があらゆる領域での活動の基盤として飛躍的に重要度を増すというイメージの社会モデルで、高等教育を国家戦略として使っていくという方針が明らかにされた。増加が見込まれる労働力層は高等教育で養成し、それより下位の労働はロボットで代替したり、海外移転したり、外国人労働者に来てもらったりしていくというイメージが描かれている。

このイメージは、職業教育の実態や職業構造と照らし合わせると絵に描いた餅だと言われる。しかし教育政策の中では国際的にも、このような言説が力を持っている。このことを報告者は「職業教育的なるもの」と呼んでいる。

4．「職業教育的なるもの」による教育改革

「職業教育的なるもの」と職業教育は異なる。GrubbとLazersonが「『教育の福音』とVocationalism」という概念でまとめている。それは、知識革命がハイレベルの人材を必要として高等教育への要求を強める。競争力や成長といった国家的ニーズを強調しつつ、出世や成功という個人の目標も組み込む。職業教育をすることは、国家にとっても個人にとっても良いこととされ、学校教育全体が職業準備に位置付けられていく。これが職業教育主義（vocationalism）だが、具体的な職業教育とは異なる考え方である。職業教育主義は、職業教育の一部とはみなされない学校教育の形態へと拡大していき、例えば総合大学の、職業教育とは関係ない教育プログラムも含まれて行く。OECDのTertiary Education for Allやアメリカの College for Allという政策も、職業教育主義という考え方の中で生じてきたものだ。

5．大学での職業教育主義と職業教育

5．1．大学での職業教育

職業教育的なものやvocationalismに基づく教育政策とは異なる具体的な職業教育は、大学で行われている専門職養成課程（狭義の職業教育）やキャリア教育（広義の職業教育）があり、またプロジェクト学習や体験学習もコンピテンシーの育成という意味で広義の職業教育に位置づくこともある。

これらにはそれぞれに問題がある。狭義の職業教育では専門科目が増加してカリキュラムを圧迫する他、入学後に不適応を起こす学生がいるという問題がある。キャリア教育は、特定の職種を想定せずに行われて目的が曖昧に

なり、心理主義的な傾向が強くなる。大学のキャリア支援が就活産業主導になり就活に対する規制も弱くなる中で、青田買いなどの問題も発生している。

プロジェクト学習等で育成をめざすコンピテンシーは、経営学の用語で、優れた成果や課題解決につながる個人の行動特性とされる。主体性、グリッド、コミュニケーション能力、問題解決をしようとする態度などがある。職業教育として考えると、その内容や評価基準が曖昧であるなどの問題がある。

５．２．職業教育と職業教育的教育改革

具体的な職業教育と職業教育的な教育改革は、これまでの述べてきたように別である。そのことを確認できる例がドイツである。ドイツは伝統的に、後期中等教育段階から中等後教育段階で企業内訓練と学校教育を二元的に行うデュアル教育システムを持っている。ボローニャプロセスで、欧州内で比較可能な学位制度を導入して、欧州資格枠組みというものを作っていく中で、ドイツ国内の資格枠組みを欧州のそれに適合させていった。

ドイツの場合は、大学に行かなくても職業資格をとって中堅労働者として社会に出ていけるので、大学進学者が少ない。このことはTertiary Education for Allという国際的な枠組みからは、批判的にみられる。しかしドイツは、中等教育後の教育で労働者を養成し、十分な能力を身に着けて労働世界に出ていくので、失業率が低い。このことは、職業教育的な教育政策と実際の職業教育は異なることを顕著に表している。

ただ国際的潮流の中で大学進学が推奨され、職業教育がスティグマ化し、「みんな大学に行ったほうが良い」というふうになっているともきく。職業教育的な志向を持っている人まで大学に行き、大学中退者が増え、その人々を中等教育後のデュアルシステムで受け入れるという矛盾も出てきている。

５．３．コンピテンシー・ベースドな職業教育？？

高等教育段階の職業教育を説明するのに、コンピテンシー・ベースドという考え方が使われる。高等教育が育成する人材は基本的な知識技能を身につける過程で、キャリア教育がめざす基礎的汎用的能力（コンピテンシー）を身につけ、それをベースに専門的な知識技能を身につけていくという考え方である。コンピテンシーに基づいて主体的に職業資格・技能を身につけ、職

業世界に入った後もコンピテンシーに基づいて自己成長していくと考える。逆に言うと、コンピテンシーのない職業訓練に意味はないとする。

報告者はこの考え方には疑問があり、青年期職業教育機関としての大学に何が求められるのかを、ヨーロッパの事例からヒントを得て考えたい。ヨーロッパで行われている能力認証システムには、結果志向、コンピテンス志向、訓練課程のモジュール化という特徴があると言われる。その背景には、個人が自己責任で職業能力を形成していくというイメージがあり、デュアルシステムのように学習コースが形成されていて、そこに乗っかっていけば体系的な学習ができるというものではない。つまり、主体性をもって労働市場を見渡して、自分にはこういう能力が必要だということを選び取っていくというイメージが、高等教育段階の職業教育としてイメージされている。

同じことは日本にも当てはまり、学士力や社会人基礎力などの中にこういった能力観が入っている。成熟した主体的選択を大学生ができることが前提で、社会的弱者や自己管理が困難な学習者の存在は想定されていない。そして実際、ドイツでもアメリカでも大学中退が問題になっている。

6．教育福祉の観点から見た青年期職業教育機関としての大学

だが、コンピテンシーを批判するのは難しい。大学教員は学生に主体的であってほしいと思うし、コンピテンシーはあったほうが良いように思えてしまう。教育福祉という概念を用いて、こういうところを乗り越えたい。

教育福祉とは、教育と福祉の間にあって、どちらにもくみ取られない形で存在している問題の把握と検討を通して、社会福祉学と教育学を捉えなおそうとするものである。この観点から見ると、青年（大学生期）の生活基盤は家族に依存し、生活保障も脆弱、就職した後も企業に依存した生活保障が続き、職業能力開発さえ企業に依存（企業内教育）している。こういった実態と、コンピテンシーに基づく主体的な職業資格・技能の習得は相いれない。

また報告者が気になっているのは、スクールソーシャルワーカーの配置など教育への福祉の導入が進む中、それがスクリーニングのように機能していることである。通常学校の少ししんどい子どもが教室から離されて、教師もSSWに任せておけばよいという雰囲気になる。そして通常学級は純化・ス

タンダード化していく。実際にオルタナティブ校と通常の学校の二重の教育法制のようなものが構想されている。そうなると、「まっさらでのっぺりした人間（development していない人間）」を中等教育までで育てて、そこにコンピテンシーをくっつけ、そして職業能力をつけていくという「職業教育」がイメージされていくのではないか。コンピテンシーはコンテンツを重視しないので、職業生活の夾雑さに適応していくのを難しくするのではないかと思う。

　ヨーロッパの高等職業教育の課題から考えていくと、学生による「十分に成熟した選択」という条件を再考し、権利論的に高等職業教育を解釈していかないといけない。つまり、結果志向ではなくプロセス重視、コンピテンシーではなく具体的なコンテンツ（何になりたいか、どう生きていきたいか、何に向かって何を学ぶのかといった、職業への移行の手がかり）を重視する必要がある。さらに、モジュール化した学びの経験を本人が統合できるような学びや経験の積み重ねが重要である。

　まとめると、教育福祉の観点からは、「大学生活」から「職業生活」への移行、「生活」という観点が重要である。自分の生活と有機的なつながりをもった職業教育をしていく必要がある。職業は夾雑さの塊で、無駄がたくさんある。整理されない日常やごちゃごちゃした社会と自分なりに関わっていくことを、大学の中でする必要がある。様々なものごと（もめごと）も経験することが大事である。さらに、「社会課題を解決してほしい」という要請から出てきている「主体性」から距離を置いて、自分のことを考えたほうが良い。自分の身体と心の健康に注意を払ったり、環境調整をする経験を大学でやっていくことは、職業生活に入った後も重要である。

　つまりは、充実したキャンパスライフが重要ということである。このような問題は教員団で共有しづらいなど意外に難しいが、学生たちが自由で充実したキャンパスライフを送れる空間を、大学は準備する必要がある。

Ⅲ．第二報告：古里貴士（東海大学）「青年期教育としての社会教育主事養成：東海大学における実践から」

1．はじめに

　社会教育主事課程を担当している。「困難を抱えた学生たちにどう寄り添い、向き合うか」を考えながら、社会教育主事という専門職を養成するという課題に、どう統一的に取り組んでいくかという問題意識を持っている。

2．社会教育職員養成に関する先行研究

　社会教育学会が1974年に「社会教育職員論」、1979年に「社会教育職員の養成と研修」、2018年に「社会教育職員養成と研修の新たな展望」というテーマで年報を出している。カリキュラム研究が中心で、そこで学ぶ学生にどう寄り添うかという視点は少ないのではあるが、学生の実際と社会教育主事という専門職養成をどう統一的に考えるかという問題提起がなされたり、社会教育ゼミ実践の論文化があったりした。最近には「青年期教育としての社会教育実習」に言及する大村恵の研究もある。

3．社会教育主事養成の実際

　社会教育主事を専門職採用する自治体はほぼなく、社会教育主事資格取得は、学生の就職にはほぼつながらない。東海大学では、2024年3月で133名が社会教育主事養成課程に登録している。資格を取得するのは1学年に10人程度である。社会教育の現場と関わる科目は3つある。社会教育実習1は、教員の引率で図書館、博物館、公民館などに出かけていく。社会教育実習2では実習先を学生が開拓し、40時間以上の実習を行う。社会教育演習は、相模原の公民館の子どもまつり実行委員会に参加する。小学校高学年の児童が委員で、学生はファシリテーションをする。

　社会教育主事課程の運営に際して報告者は、「実習・演習があり、その基盤に講義があるが、最もベースになるのは学生同士の交流活動」というイメージを持っている。自由参加のティーパーティーを年に数回開催して、学部・学科・学年を超えて学生が交流する機会を作っている。他に、課外活動なども積極的に参加するよう勧めている。

学生の学びと発達を支える『大学と社会の接続』

4．学生が社会教育の世界に入ること

　社会教育主事課程に登録するとき、ほとんどの学生は社会教育という言葉を知らず、社会教育に積極的な価値を見出して履修し始めるわけではない。なぜか群れない傾向があり、友達と一緒に受講しに来ることはない。

　学生達が社会教育の世界に入る入口の１つが、社会教育実習である。例えば、町田市の障がい者青年学級に行って交流するが、強烈な体験となるようだ。障がいのある人たちが様々なことを考えて、自分の意見を伝えている姿を見て、意見を伝えないで生きていた自分と比較して素直に驚く。これがきっかけで、ボランティアとして参加し続ける学生もいる。

　ある自治体の若者プロジェクトでは、子育て中の人や学生など10人弱が集まって、ネットワークを作るための企画を考えていた。報告者は学習支援者（講師）として参加していたが、ある１年生が手伝いたいと手を挙げ、一緒に参加した。プロジェクトの初回で、報告者と一緒に行った学生、参加者や自治体職員がそれぞれに、どんな問題意識を持ちながら暮らしているのかについて語り合った。

　最初はお手伝いのつもりできたその学生は、そのままプロジェクトに参加し続け、企画者もやり、フォローアップのプロジェクトもやった。２年目も参加し、プロジェクトを終えた後もメンバーとのつながりを大事にしたいと思い、グループを作って今、「自分史を書く会」をやる準備をしている。

　この学生は、（社会教育の現場に行ったら）「自分の話を聞きたいと思ってくれる人がいて、話を丁寧に聞いてくれた」こと、「自治体職員や民間企業で働いている人、子育て中のお母さん、精神障がいのある方、いろんな人がいて、頭ごなしに否定しないで自分の話を聞いてくれた」こと、「自分のことを語ってもバカにされない」ことが良かったと言っていた。

　（実習で）社会教育職員と出会って、どこに専門性を感じたか問うと、「丁寧に自分の話を聞いてくれた」という回答が返って来ることは多い。学生たちは社会教育の場で、ひとりひとりが表現することに感動し、表現することに価値を見出しているようだ。社会教育は、課題を持ち寄って話し合うことを大事にしてきた現場である。大学の社会教育主事課程の実習でも、学生を

単に現場に送り込んでいるのではなく、社会教育の価値を認める教員と職員の協働で実践を行い、そこに学生が参加しているのである。

Ⅳ．質疑応答

報告者同士の相互コメントおよびフロアからの主な質問は次の通り。

・自分語りが抑制されるという現象は、（就活で困るだけでなく）青年期発達や社会との関係という点でも深刻。

・青年期教育機関としての大学への転換をめざすとき、コンピテンシーの位置づけはどうなるのか。

・海外の医療者育成教育の評価ではコンピテンシーが使われるが、日本に導入される過程で変形する。海外では状況が異なる可能性はないか。

・学生生活ではなく大学生活という言葉を使う理由は何か。初等中等教育では、知識と行動をいかに結びつけるかという観点からの学力の議論は従来からある。高等教育ならではの知識と行動の結び付け方はどうなるのか？

・社会教育が内在的に有する教育的価値である協同学習との出会いは、青年期教育や大学教育という文脈で、理論的にどう整理できるのか。

・学生の現実から出発することは大事だが、学生の現状からすべてが出てくるわけでもない。学生とは何で、学生に期待されるものは何だろうか。

【古里】　自分語りの抑制と重なるが、就活の話を学生同士ではできないと聞く。学生は就活で不満や不安を抱えているが、しんどさを共有するのではなく、しんどいからこそ表現せずに抱え込んでいく。就職説明会などで、職業の内容を知るだけではなく、就活におけるしんどさの中で、それを表現できる関係性をどうやって大学の中で作っていくのだろうかと思う。

【瀧本】　今は就活が定式化し、商業主義的なものも入り込んでいる。情報戦になっていて、学生は焦っている。それが放置されているのが嫌で、就職説明会を始めた。学内開催なので、スーツを着てくるわけでもなく、いつもの友達といつもの雰囲気で参加して、ブースにも行ったりしていた。

教員は就活の話をしないが、学生にとって重大事項なのに、素知らぬ顔をしているのもどうかと思う。自分はゼミでも、就活やインターンシップの話をシェアするように促している。3年生の12月頃に、息切れしているという話が出て、「そうだね、息切れするね。お菓子食べようか」といってお菓子を出したりしていた。

【瀧本】　職業教育は、能力を獲得する手段が確立していないといけない。コンピテンシーはその手段がないというところが問題である。医療者教育の場合、国家試験に合格するだけでは、患者さんとのコミュニケーションなども含む仕事はできないから、コンピテンシーが必要という話が出てくる。専門性の高い職業の話であり、職業教育全体に広げると「これをやれば仕事につける」という確実性がなし崩しになってしまう。

　また、コンピテンシーは社会課題解決のためという前提があり、個人はそのために力をつけていかないといけないという考え方である。そこには「強い人」しかいない。無いよりあったほうが良いというものではなく、その考え方自体に問題があると考えている。

　「学生生活」は学生個人の責任のようだが、「大学生活」には大学という空間を、教員も主体として関わって作っていくという意味をこめている。

【古里】　社会教育は住民主体ということを大事にしている。そのため学生にも、自分の学びや生活について自分で考えて動くこと、学生自身に自分の生き方を考えてもらいながら生きていくことを求めている。

　かつて非常勤をやっていた大学での話だが、「2年生の後期から就活を考えるから、大学生活を謳歌できるのはあと1年だ」と学生が話していた。そして、「1年生後期なのに自分で選択している授業がない。大学が決めた授業がほとんど」と言うので、「それはつまらないね」と返したら、「失敗したら怖いから、組んでくれたほうがありがたいです」と言われた。自分は大学生になったときに、（心配はあったが）自分で選んで学べることは楽しみだった。その感覚と学生の「失敗してはいけない」「ミスをしてはいけない」という恐れや、「誰かに整えてもらった

ほうが、大学生活が過ごしやすい、生きやすい」という感覚にズレを感じた。

　自己責任的な考え方が強くなり、そしてだからこそ主体的にふるまえない、主体的にふるまうことの困難さが学生に付きまとっている。そういう困難を解きほぐす上で、主体性を求める社会教育、協働学習との出会いが必要なのだろうと思う。

《論文》

重症心身障害者の青年期・成人期の発達保障
―びわこ学園「びわこ大学校」における取り組み―

垂髪あかり（国立大学法人　鳴門教育大学大学院学校教育研究科　准教授）

はじめに

　2016年、文部科学省による報告書「文部科学省が所管する分野における障害者施策の意識改革と抜本的な拡充～学校教育政策から『生涯学習』政策へ」[1]により、障害のある人の生涯学習政策が始動した。文部科学大臣（当時）による「特別支援教育の生涯学習化」（2017年）のメッセージ発出[2]や特別支援学校学習指導要領の改訂（2017年）、実践研究事業（2018年～）、地域コンソーシアム形成による持続可能な生涯学習支援体制の構築（2020年～）等、行政が主導したさまざまな改革が推進されている。これらの政策についての検証も行われてきており、「国の教育行政が取り組む障害者施策が、学校教育中心にとどまらず、新たに生涯学習政策として『総合的に展開』する方向性を打ち出したことは、まさに歴史的な転換」[3]であることや、国の施策が契機となって「この間、着実に障害者の生涯学習支援は広がりを見せて」[4]いることなど、一定の評価等がなされている。一方で、国による生涯学習政策には、それに先行して「長年にわたり積み上げられてきた発達保障の観点が曖昧にされている」[5]という指摘や、「『国家』による『上からの教育運動』が、障害者の学びを創造している『下からの教育運動』と合流して形づくっている」なかに「矛盾」があること等が指摘されている[6]。

　では、実践現場で重ねられてきた障害のある人の青年期・成人期の教育・運動・研究とはいかなるものであったのか。1960年代に遡ると、例えば、

当時、就学猶予・免除として初等・中等教育さえ受けることができなかった入所施設の青年・成人への療育・教育的活動（1960年代後半～びわこ学園，1.で詳説）や、「学校の卒業を発達の停滞につなげてはならない」という親たちの声から始動した「障害者青年学級」の取り組み（1960年代中盤～、京都府）[7] が挙げられる。また、1970～80年代には「高年齢の生徒たちの発達要求に応えよう」として発足した与謝の海養護学校「青年期教育部」の取り組み（1979～1984年）[8] などが挙げられる。このように、まだ障害のある人への高等教育が、そして障害の重い人には初等・中等教育さえ保障されなかった時代において、各地で、学齢を越した青年たち、親たちの切実な願いに応えようとした教育関係者による実践創造・運動とそれらを検証した研究があった。そして、1990年代頃からは、義務教育修了後の障害のある人の青年期の教育問題が、障害児教育・運動・研究の課題として取り上げるようになっていった[9]。「障がいがあるからこそ、ゆっくりと教育の機会を保障したい、青年からのもっと勉強したいという思いをかなえる場として」、特別支援学校高等部に専攻科を設ける「専攻科づくり」の運動と実践[10]（1990年代～）や、「知的障がいがあっても大学に進学したい」という願いを受け止め、知的障害のある青年への大学公開講座を端緒とした「オープンカレッジ」の取り組み[11] は、2000年代には発達障害のある青年への実践[12] にも広がりをみせていった。

　これらの実践においては、青年期を「子ども期（Childhood）から大人期（Adulthood）への移行期」とし、その「移行は直線的な発展ではなく、それまでの様式を否定して新しい様式を再構築する過程」であると捉えてきた[13]。そして、この過程には、新たな人間関係や、否応なしに自分自身の内面と向き合う時間があり、これらの「葛藤を経て、再び外界や他者との関係をつくり直」していくことが明らかにされてきた。また、その営みのなかで、青年たちは「人格的存在としての『私』を発見し、意識し、形成・確立していく『再体制化』」[14] や、「自我の再構築」[15] していくことが明らかにされてきた。また、成人期とは、青年期を乗り越えて「おとなになった姿で」、期間の限定されないゆったりとした時間の中で、「じっくりと、自分をつくってい

く」、「確実に豊かさをはぐくむ」時期であると捉えてきた[16]。そして、この時期にもなお、「『自分らしさを創りたい、自分らしさを試したい』という願いを実現する過程での変化、発達」があり、それは「人格的な自立」であることを明らかにしてきた[17]。

こうした取り組みは、障害がある青年や成人たちの、「学び続けたい」「もっと学びたい」という切実な思いや願いを出発点とし、青年期・成人期にふさわしい「自分づくり」の営みを教育として受け止め、積み重ねてきたものであるといえる。

障害の重い人たちについては、青年期・成人期の実践・研究は限られてきた。しかしながら、数少ない実践・研究のなかでも、青年期・成人期という「比較的安定した時期を迎えての内面的な成長・発達が確認しやすい」ことや「思春期以前にはない諸困難とたたかう青年期の生命の輝きと育ち」があることが明らかにされてきた[18]。そして、青年期の「心の葛藤」や成人期の「人格的な自立」を経るときに、「生活の中に楽しみや喜びを感じられるものがあるか、ふと心に響いてくるような音楽やリズム、ことばがあるか、人とわかちあえる楽しさやくつろぎがあるか」が重要であると指摘されてきた[19]。

この「生活の中の楽しみや喜び」の1つに、「自分づくり」の営みを支える「学び」があることは、青年期・成人期障害児者への取り組みで明らかにされてきた。清水・黒田（2022）は、東京都中野区および日野市において訪問学級卒業後の青年に向けて実施されてきた「社会教育訪問学級」（1981年〜）の実践を取り上げ、重度の在宅障害児者を含めた生涯学習の場づくりの必要性を指摘している[20]。近年では、最重度の障害青年・成人への取り組みとして、在宅で過ごす医療的ケアが必要な重症心身障害者に対し、自宅に訪問して教育活動を行う「訪問カレッジ」（2012年、東京都）や「訪問大学」（2014年、東京都）の取り組み等が始動し[21]、関係団体が連携し「重度障害者・生涯学習ネットワーク」を結成して（2017年）、障害の重い人の生涯学習に取り組んでいる[22]。こうした障害の重い人たちの「学び」の場づくりが行われ、少しずつ実践が広がってきたいま、障害の重い人にとっての「学び」の内実を明らかにし、いかにして青年期・成人期における発達保障を実現し

ていくのかを検証していくことが課題となっている。

　そこで本研究では、青年期・成人期にある重度障害者への取り組みが開始された時期と同じ2000年代において、入所施設のなかで重症・超重症者の「学び」の取り組みを始めた、「びわこ大学校」の実践に着目し、その「学び」の内実と「学び」を実現するための教育的支援について明らかにすることを通して、重症心身障害者の青年・成人の発達保障の在り方について考察する。

　「びわこ大学校」（以下、「大学校」とする）とは、糸賀一雄により設立されたびわこ学園（1963年、滋賀県。以下、びわこ学園とする）[23]のなかで、2008年より開始された療育活動の名称である。びわこ学園に入所している利用者（以下、びわこ学園の入所者を総称して「利用者」とする）のうち、学校卒業後の青年期から成人期にある重症、準重症、超重症の5～6名で、週1回程度（90分程度）の活動をしている。活動を支える職員は、福祉職（生活支援員）、医療職（看護師、作業療法士）、心理職らである。本稿では、「大学校」に参加しているびわこ学園の利用者を、活動開始当初の呼称である「学生」と表記する。また、「大学校」の活動を支える職員のうち、特に職種を明示する必要がある場合を除いて「支援者」と表記する。

Ⅰ．びわこ学園における青年期・成人期の発達保障の歴史

　本節ではまず、「大学校」の活動が始まる以前に、びわこ学園で行われた青年期・成人期の障害のある人たちへの実践について概観する。びわこ学園において青年期の障害児者への取り組みが行われたのは1966年、当時の第二びわこ学園（現、びわこ学園医療福祉センター野洲）「ハトＡグループ」の実践が端緒である。「ハトＡグループ」とは、「身体障害は重く、知的障害は軽度の人たちの集団」であり、「言語で要求表現ができる」[24]集団である。1967年にはグループに所属する「園生」[25]たちが、当時の園生活に対し日々感じている不満や葛藤、「学校に行きたい」という思い等をまとめ、「壁新聞『はなたれ』」を作成し発信したことや、「子ども会議」を開いて園生同士の思いを共有する自主的な活動が行われていたこと、それらを見守り支える職員らの思い等が記録されている[26]。当時は施設入所が就学猶予・免除

重症心身障害者の青年期・成人期の発達保障

の条件であったため、義務教育段階の「園生」たちは「学校へ行きたい」「おむつをしてでも学校へ行きたい。みんなもそう思っている」[27] という訴えを持って、教育権の保障を訴えていた。

「"わかる園生"」と呼ばれた知的障害がないか、比較的軽度であった「園生」らの言葉が、「教育権運動の火きり臼」となり [28]、「教育を受ける権利というだけでなく、職員不足により学習が継続できなかったこと、設備・教材の不足など園内の状況を訴えること、園外に出られる、人に会える」[29] と、多くの期待をかけて園内での運動が行われていた。「教育権問題懇談会」を開いたり、「すべての障害児にひとしく教育を保障する」[30] という理念のもと設立された与謝の海養護学校の訪問をしたり、研究会（全国障害者問題研究会近畿ブロック大会）で訴えたりと、青年期の気持ちのうねりを、「園生」らと同世代でもあった職員らが受け止めた活動であった。

その後、「園生」らが粘り強く取り組んできた教育権を求める運動が結実し、ようやく養護学校への入学が認められた（1975年）。翌年、学園内に施設内学級が開設され、それは1978年に「野洲校舎」として開校し [31]、1979年の養護学校教育義務制実施を経て、学齢超過の「園生」らには長い未就学期間を経てようやく「学ぶ」機会が保障されたのであった。

1981年、第二びわこ学園では療育再編が行われ、「わかる園生」と呼ばれていた「園生」らに、新たな仲間が加わり、学校外や学校卒業後の療育の取り組みを展開していく。そのなかで、かつての「子ども会議」は「青年会議」となり、「自治会づくり」へと発展していった。職員らは「園生自らが障害を自覚・克服」するための主体的行動を支え、「園生自身が集団的に自治的にぶつかり合い、たしかめていくこと」を見守りつつ、適切な援助をするという療育の方向性を志向した [32]。1980年代、第二びわこ学園の「園生」の年齢幅は10代後半〜50代であり、なかでも20代、30代のグループが多かった。1987年の園内実践報告会では、「思春期・青年期」を課題テーマに5つの実践が報告・検討されており、その後、1990年代に入ると、この頃青年期にあった「園生」が成人となり、実践報告会でも「成人化」が課題テーマとして取り上げられている [33]。

また1990年代は、びわこ学園に、「園生」の重度・重複化の波が押し寄せた時期でもあった。第一びわこ学園で1994年に、第二びわこ学園では1999年に、「超重症児」[34]と呼ばれる医療依存度が高く非常に障害が重い「園生」を受け入れ、医療・看護に重きを置いた療育体制が必要になっていく。第二びわこ学園では、「生活」「暮らし」を大切にした療育活動が継続されるが、2000年代に入って、在園する利用者のさらなる重度化・重症化が進行した。利用者の年齢層も、ぐっと高くなり、成人期から高齢期を迎える者の割合が増加していった。そして療育は、集団での活動よりも個別的なかかわりに重きが置かれるようになっていく。医療や看護ケアが増え、職員体制も厳しくなるなかにあっても、なんとかこれまで継続してきた日中活動、サークル活動において利用者一人ひとりの「自己実現」をめざす療育が行われていった。こうしたなか、2008年、重症・超重症の利用者に、学校卒業後も継続的に活動を保障していくための取り組みとして「びわこ大学校」の取り組みが始動するのであった。

Ⅱ．びわこ学園における青年期・成人期の発達保障の実践

　本節では、「びわこ大学校」の実践から障害の重い人にとっての【「学び」の内実】と【「学び」を実現するための教育的支援】について明らかにしていく。【「学び」の内実】については実践内容とそこでの「学生」らの姿を、【「学び」を実現するための教育的支援】については「支援者」の思いや関わりについて、調査・分析・考察を行う。

　先述したように、びわこ学園では、「大学校」の取り組みが始動した直後から、学園利用者の重度化・重症化が進行し、施設全体の療育内容の見直しが行われてきた。そこで、「大学校」の実践についても、「大学校」立ち上げの頃の実践（2008-2010年頃）と、15年が経過した現在の「大学校」の実践（2023-2024年）について検討する必要があると考え、両時期について、実践の主担当へのインタビュー調査と実践についての資料の分析を行った。なお、現在の実践については、筆者による「大学校」の参与観察も行い、実践について多角的に把握できるようにした。

調査は神戸松蔭女子学院大学研究倫理委員会の承認を得て実施した（2021 松蔭研倫-012）[35]。研究協力者へのインタビュー調査にあたっては、研究の趣旨及び目的、研究協力の自由や、個人情報の保護等について文書と口頭による説明を行い、書面での同意を得た。また、論文としてまとまった時点で、研究協力者へ確認を依頼し、内容について了承を得た。なお、本稿の中では、個人の特定を避けるため、研究協力者およびインタビュー結果に出てくる「学生」名は、仮称を用いている。

1．初期「びわこ大学校」の実践（2008-2010年頃）

（1）調査について：対象と方法

研究協力者は「大学校」開設に中心となって関わった作業療法士のA氏である。A氏を対象として、2023年8月2日にインタビュー調査を行った（調査時間90分）。面接内容は、【「学び」の内実】について、①「大学校」の立ち上げ、②「大学校」の活動—活動の目標、内容、体制、具体例、③「大学校」の実践における「学生」の姿、の3項目を、【「学び」を実現するための教育的支援】について、④「大学校」の実践における「支援者」の思いや関わり、を主な項目とした半構造化面接を実施した。

なおインタビュー調査結果から初期「大学校」の実践について整理するために、研究協力者により提供された資料も結果の整理・考察に援用する。

（2）結　果

以下、A氏の語り及び資料に基づいて初期「びわこ大学校」の実践について整理した。なお、A氏本人の言葉については『　』で示した。

（2）−①．【「学び」の内実】：「大学校」の立ち上げ

年少で入園し、養護学校高等部を卒業した重症、超重症の利用者の学校卒業後の活動保障を『どうにかつくらないといけない』という現場の「支援者」たちの思いから、「大学校」の活動は立ち上げられた。『高校卒業後だから「大学校」と、その時は非常にぴったりきていたネーミングでした。』とA氏は述べた。開設当初は、「リハビリ室に移動して行い、離床の機会を保障すること」、「これまでに様々な経験で培ってきた力を発揮できるように、一人ひとりが役割を持って参加できるような活動」を目指し、4名の利用者を対象

に、週1回のペースでさまざまな活動が模索された。

　その後、「大学校」は徐々に「学生」が増え、「学生」の健康状態も年齢もさまざまとなっていった。「学生」の中には毎週のリハビリ室への移動が困難な者もおり、より穏やかな活動の必要性が生じていった。そこで、2011年、「大学校」と同様に離床の機会は保障しながらも居室で活動する「びわこ専門学校」が立ち上げられた。また、当日の参加が困難であった「学生」には週末に「びわこ予備校」として住棟内の職員とかかわりの時間を持つこととされた[36]。

　(2) －②.【「学び」の内実】「大学校」の活動

〈活動の目標〉それぞれの「学生」が、学校等で培ってきた力を「大学校」でも生活場面でも発揮できるように、1）継続的な活動を保障すること、2）住棟を離れリハビリ室を基本として活動すること、3）「大学校」以外の活動や生活場面とのつながりを創ること、4）それらを通して「大学校」に関わる職員以外にも「大学校」の活動を知ってもらい職員と「学生」との日常的な話題作りを行うことが活動の目標とされた[37]。

〈活動の内容〉「大学校」での活動内容は、野菜の栽培や季節に応じた製作・体験活動、調理実習、月毎の誕生日会などであり、週1回の活動が継続された。『どこに散歩に行きたいとか、誰に会いに行きたいとか、廊下以外に外に行きたいとか、誰も言える人がいない』なかで、『大学生ならどのようなことをするのか』、『散歩に行きたいと言えない人や、ここに行きたいと言えない人に、どのようにしておひさまを浴びせるかと言うことを常に考えていた』という。そのような中、『（障害がない人が）普通にすることを、限られた入所（施設という環境）の中でいかに経験してもらうか』、そして、活動を通して『人とのやりとり』を増やし、『「学生」さんの世界を広げ』、『生活に潤いを』（（　）は筆者補足）もたらすようにとA氏は考え続けていたという。

〈活動の具体例〉「ヘチマコンテスト」の活動（2010年）では、屋外でのヘチマの栽培を通して、水やり（屋外への散歩）、観察の記録、観察記録コンテストの実施（「大学校」参加者以外の住棟からもコンテストに参加）など、「ヘ

チマ」を媒介として、屋内外への活動と、「大学校」をこえた人と人との交流が生まれた。また、「年賀状作り」の活動では、年賀状に載せる写真を「学生」自ら選んだり、「チラシ製作」の活動ではデザインや配色を選んだりと、「学生」の「選択」の機会を保障し、それぞれの意思表出を職員全員で確かめる時間が大切にされた。

　これら一連の活動では、「学生」がただ活動に参加するだけでなく、各テーマのなかで「役割」を担うことが意識されていた。例えば、「おばけ屋敷」の活動では「生活棟や他の棟へ、おばけの製作を依頼してくる」など、役割意識を明確にし、その「しごと」を通して「空間や人との関わりを広げること」[38] を重視していたという。

〈活動の体制〉こうした「学生」の活動を支えたのは、生活支援員と看護師、心理職の協働であった。立ち上げ当初から、異なる専門職が話し合いを重ね、「大学校」の活動を試行錯誤していったとA氏は述べていた。そして、学園全体として、利用者の重度・重複化、医療重度化が年々進行する中で、『「大学校」の学生についても呼吸器の台数が増えいったため、看護師にも会議に来てもらい、どこまでなら（活動が）許せるか、誰が（活動に）入ってもいいか、メンバーの選定の相談にも乗ってもらいました』（（　）は筆者補足）という。こうして多職種協働で取り組んでいくうちに、活動の際の役割分担や配慮事項の共有ができていき、職種間の良い協力関係ができていったという。

　　(2) ‒③.【「学び」の内実】「大学校」の実践における「学生」の姿

　居室を離れる機会が少ない利用者が多い中で、週一回ではあっても、場所を変えて活動することは、参加する「学生」にとって「気持ちの切り替えや生活する上での見通し」[39] となっていた。そして、活動の中で、意思を尋ねられて「選択」する経験を重ねることで、次第に意思表出が明確になっていった。『最初は表出が非常に分かりにくかったのですが、こちらがそれをあなたの表出として拾うよ、という反応を繰り返していくうちに、それが確実になっていきました』とA氏は「学生」らの変容を捉えていたという。１つ１つの活動のなかでは、「学生」が達成感や次の活動への意欲を感じてい

るような表情をした瞬間がいくつもあったという。

　さらに、「大学校」の時間に取り組んだコミュニケーションが日常生活にも拡がるよう「支援者」は意図していた。例えば、「大学校」の時間以外にも、職員が「学生」に対して声かけや目的的な関わりを持ちやすくするために、「学生」には「〇さんへの手紙のメッセージを考えてください」「シネマ会で見たい映画を調べてきてください」等の宿題を出した。すると、「大学校」の職員以外の職員と「学生」が「大学校」以外の時間に調べものをする様子が見られるようになり、職員と「学生」とのやりとりが増えていったという[40]。A氏は、これについて『宿題をやるというのは、医療ではない行為の中で、職員が向き合う時間が確実にできるという仕組みだった』、『週に1回しか活動が保障できないことをもどかしく思っていたので』、こうした仕組みを試行錯誤しながら創っていったと述べていた。

　　(2)−④.【「学び」を実現するための教育的支援】:「びわこ大学校」の
　　　実践における「支援者」の思いや関わり

　A氏は、『医療に囲まれる毎日のなかで、障害の重い人たちの生活に潤いを与えたい。』、『空間的にも、人と人との関係性という意味でも、「学生」さんの世界を広げるために』という思いで活動を立ち上げ、取り組んできたという。

　そして、他職種が協働して活動を進める現場の雰囲気は「大学校」に関わっていた職員だけでなく、「大学校」担当以外の住棟の職員、看護職などにも良い影響を及ぼしていった。毎回の活動は、住棟にある掲示板に写真入りで掲示し、「大学校」の新聞も発行した。そうすることで、「学生」に関わる多くの職員が、日常生活の中でのコミュニケーションに、「大学校」の話題を出すようになったという。「学生」と職員との関わりの広がりが、「大学校」での活動を通して、「大学校」以外の場所でも広がっていった。

　２．現在の「びわこ大学校」の実践（2023〜2024年）

　　(1) 調査について:対象と方法

　2018年より「大学校」の運営に中心となって関わっている作業療法士B氏および生活支援員C氏を対象として、2023年7月25日にインタビュー調

査を行った（調査時間60分）。面接内容は、【「学び」の内実】について、①「大学校」の概要、②「大学校」の活動─活動の目標、内容、体制、具体例　③「大学校」の実践における「学生」の姿、の３項目を、【「学び」を実現するための教育的支援】について、④「大学校」の実践における「支援者」の思いや関わり、を主な項目とした半構造化面接を実施した。また、筆者による「大学校」の実践の参与観察（2022年11月〜2024年２月に８回）と、研究協力者により提供された資料も結果を整理・考察に援用する。

（2）結　果

　以下、B氏、C氏の語り及び実践に関する資料、筆者による実践の参与観察結果に基づいて現在の「大学校」の実践について整理した。なお、B氏、C氏の本人の言葉については『　』で示した。

（2）−①.【「学び」の内実】：「大学校」の概要

　2023年度より、「大学校」は毎週水曜日の午後の時間に実施している。特別支援学校高等部卒業後の10代から50代までの「学生」約６名（体調等により参加人数が変わる）が参加している。参加者は、体調に合わせて毎週参加するもの、隔週で参加するもの、月１回で参加するものと、それぞれである。各回の参加者のうち、呼吸器を装着している「学生」は３名程度である。

（2）−②.【「学び」の内実】：「びわこ大学校」の活動

〈活動の目標〉2018年度より、「大学校」は「継続的な活動の保障」と「テーマを設定して個々の持つ力を引き出し活かすこと」、「その他の活動や生活場面への展開を図り話題共有を行う」、「離床」という４つを目標に実践を行っている[41]。

〈活動内容〉「開校」以来継続して取り組まれている野菜苗の栽培のほか、参加「学生」の誕生日を皆で祝う「合同誕生会」、「学園祭」に向けた取り組み、季節の取り組みなどを主に、毎週の活動を保障している。生活支援の担当職員が企画を考案し、リハビリ担当職員と協議を重ねて準備物や進行について検討される。そして活動当日は、看護師の協力のもと、「学生」の体調管理、離床、移動等を安全に行いながら取り組みが実施されている。

〈活動の具体例〉合同誕生会「シャンパンタワー」の取り組みでは、「学生」

の誕生日を歌とシャンパンタワーで祝う活動が行われていた（写真1）。シャンパンタワーの周りを車椅子に移乗した「学生」らが囲む。皆で歌を祝い、いよいよ「シャンパンタワー」に飲み物を注ぐ。炭酸飲料を一番上のグラスになみなみと注ぐと、プシューという音とともに泡が吹き出しながら次々と下のグラスに流れていく。「学生」らは驚きの表情で注目し、職員らは歓声を挙げていた。賑やかな雰囲気、飲み物の甘い香りを感じてか、目を閉じている「学生」は一人もいなかった。

写真1．シャンパンタワー

　菜園活動は、住棟の外の畑で野菜を育て収穫するという取り組みである。「離床」、「移乗」が目標である「学生」らにとって、屋外に出ることはハードルが高い活動である。春夏は日差しや紫外線に、秋冬は寒暖差への注意が必要である。大根の収穫では、苗に紐をつけ、その紐を皆で引っ張った。『うんとこしょ、どっこいしょ』とやっていると、隣の住棟の利用者や職員らが

写真2．大学校の菜園

写真3．収穫した野菜をプレゼント

集まってき、『手伝おうか？』と声がかかる。動くことができる仲間たちが収穫を手伝ってくれ、大根が収穫できたのだという。収穫した大根は、「学生」らがそれぞれ１本ずつ手にして職員らに配った。『渡すと、「ありがとう」とすごく喜ばれるんです。その声や表情を見て、みんなも嬉しそうにしています。』とB氏は述べた。C氏も、『自分たちで育てた大根を、ある「学生」が、面会に来ていた親御さんに渡した場面がすごく印象に残っています。親御さんが、すごく喜んでくださって。その姿を見て、「学生」さんがまたすごく嬉しそうにしていたのが忘れられません』と述べていた。

　夏休みに実施している「びわこ大学校オープンキャンパス」も工夫された企画である。施設の敷地内にある学校の分校舎[42]に通う児童生徒らが、夏休みの時期に、「びわこ大学校」のオープンキャンパスに参加する。「学生」らが主体となり、児童生徒らが楽しめるような活動を考え、実施する。これまでに、「おばけやしき」等が開催され、児童生徒らと「学生」らが共に楽しむ様子があった。企画の準備では、「今年のオープンキャンパスは何をする？」から始まり、「学生」らが内容を考え、選び、決定し、準備していく。『Zさんが、いったんもめんを作ってほしい、というので、他の「学生」さんが、作ってくれそうな職員さんに住棟外に出てお願いしに行ったんです。』とC氏が述べたように、１つ１つ、「学生」の思いや願いを確認しながら、それを実行し、「自分たちで創る」オープンキャンパスが、毎年の「大学校」の恒例となっているという。

〈活動の体制〉一連のこうした活動を支えているのは、医療職らによる普段の体調管理である。超重症・準超重症と呼ばれる医療依存度が高い「学生」たちには、活動に向かうための体調管理と確認（良い状態で活動するための痰の吸引、離床・移動に際する呼吸器の接続と確認）と看護ケアが欠かせない。その後、複数のスタッフの協力により「学生」らがベッドからストレッチャーへ離床する。呼吸器を装着している「学生」が離床する際には、複数スタッフによる移動前後の医療機器チェックは必須である。６名の「学生」が活動に向かう体制を整えるのに、30分以上は必要である。

　日々のこうした学生に対してのきめ細かなケアや体調管理があってはじめ

て、「大学校」の活動は成り立っているといえる。

(2) － ③. 【「学び」の内実】：「大学校」の実践における「学生」の姿

「大学校」の「学生」は、活動への参加に際して、個々の支援計画における目標と活動中の様子、それを踏まえてのそれぞれの課題が明確化されている。活動に関わる職員らは、「学生」それぞれの、コミュニケーションの力と意思や感情表出方法を把握し、それらを定期的なミーティングで共有しながら、活動内容の吟味・検討を進めている。

「腰を上げる」ことや瞬き、笑顔によって意思を表現する者や、目の見開きや眼球の動き、口の開閉で意思を表現する者もいる。それぞれの表出方法をアセスメントし共有した上で、毎回の活動評価が行われている。多様な活動の中で、「学生」の『「好きなこと」や「得意とすること」が明らかになってきた』とB氏は述べていた。見ること、決めること、外に出ることなど、一人ひとりの好きなこと、得意なことは様々であり、『毎回の活動には「学生」の「好きなこと」や「得意なこと」を必ず１つ以上は入れることにしている』（B氏）とのことであった。

Ｚさんは、「大学校」の立ち上げの少し後から「大学校」の活動に参加し続けている40代の成人であり、『すごく主体的に「大学校」の活動に参加し、「大学校」の活動を毎週楽しみにされていた』という。「やりたい」、「いや」という自分の気持ちの表出や、「こっちがいい」と、自分が思う方を選択することができる力がある「学生」であるため、『活動を選択する場面では、これまで様々に意見してきました。いつも自分に意見を求めてくれる職員がいて、自分の選択を尊重してくれる、「みんなから頼りにされる」、そんな場がＺさんにとっての「大学校」でした。でも数年前から体調を崩しやすくなり、活動時間である60分間の集中力がもたなくなり、「しんどそうかな」と思う場面が増えてきました』とB氏は言う。『やりたい気持ちと、それについてこない身体とのギャップに悩む』時期があり、どのような参加形態・方法がＺさんにとって最善か、職員らで検討した結果、いまは月１回程度のでベッドから移乗し、それ以外は、ベッド上から参加をしている。『今の参加方法が自分のペースかな』（B氏）とＺさん自身も納得しているようで、現

在は、「大学校」の活動時間をＺさんなりに味わっているという。

　Ｙさんは、「食べる」ことが大好きな40代の成人である。活動後に、好きなものを食すのを楽しみに、活動を頑張っている。長く、「食べる」こと以外の興味関心がなかなか見つけづらい状態があったが、最近では「見る」活動にも少しずつ興味がではじめてきた。ある時の活動で、透明ビニール傘を色セロファンできれいに装飾した飾りを「見る」活動があった。Ｙさんは、活動の前からチョコレートを「食べたい」と目や口で伝えていたが、「活動が終わってからね」と職員に言われ、自分の気持ちに折り合いをつけようとしていた。しかし、居室からリハビリ室に移動し、活動が始まってもなかなか集中できずにいた。その後、翌月の活動で使用する「透明ビニール傘」が出てくると、Ｙさんの表情が少し変化した。Ｂ氏が、色とりどりのセロファンで飾られたビニール傘を、Ｙさんの頭上でくるくる回すと、Ｙさんは大きく目を見開き、傘の動きを注視していた。さらにＢ氏が光を当てると、傘に飾られたセロファンが、まるでステンドグラスのように光り、Ｙさんはその動きにじっと注目していた。『こんなにＹさんが、何かを「じっくり見ている」のを見たのははじめて』とＢ氏は述べていた。

(2) －④.【「学び」を支えるための教育的支援】：「大学校」の実践における「支援者」の思いや関わり

　2020年にまとめられた実践報告では、「びわこ大学校」の活動を進めるにあたって、「支援者」が「大切にしてきたこと」として次の３点が挙げられている。その１点目が、「活動を通して利用者の持っている力を引き出す企画を考えること」、２点目が「季節を感じる企画を考えること」３点目が、「他職種連携を大切に取り組むこと」である[43]。

　Ｂ氏、Ｃ氏へのインタビュー調査では、重症・超重症の利用者は、日々、体調管理に関わる医療的ケアや更衣、保清、入浴、排泄、食事などの日常的なケアに追われ、『個別の活動の時間もなかなか取りづらい』現状が語られていた。こうしたなか、「医療」や「ケア」から少し離れ、「活動」を通して「支援者」が『その人の持っている力を見たり、引き出したり、確かめ合ったりするような時間』としての「大学校」は非常に貴重であるとのことであ

った。例えばC氏は、『普段はなかなかできない住棟の外にでるという活動で「学生」さんが、外に出ると目をよく開けている姿を見ると、この方はこんなに外に気持ちを向けられる人なんだな、とか、活動の中で良い笑顔が出ると、「もっとやりたい」という気持ちを持てる人なんだなと思います。活動することで、普段は見られないその人の力を発見し、それをみんなで再確認できるんです。』と述べていた。また、B氏は、『活動の中で、「学生」さんが笑顔を見せてくれる、楽しそうな姿を見せてくれる、それを見て、私たちは「また頑張ろう」「またやろう」と思える。記録には、「安定して過ごし楽しんでいる」と評価されますが、「学生」さんは表情や目の動きなど、いろいろな方法で内面の動きを表し、私たちはそれを受け止めます。「安定」では表しきれない、感情のやり取り、生活の質の深まりが、「大学校」の活動にはあるんです』と述べていた。

　個別の療育活動ではなく、集団で活動することについては、『皆で楽しみつつ、その人にやってもらうようなことを、こちらから揺さぶりかけて、「これはできるのかな、あれはできるのかな、こんな表情をするんだ、こんな力を持ってるんだ」と（「支援者」同士で）確認し合っています』とC氏は捉えていた。

　インタビューにおいて、B氏、C氏それぞれに、「大学校」の活動の意義について尋ねたところ、B氏は『「学生」さんたちに負担がない範囲で、スパイスというか、ほど良い刺激で非日常を感じられること』、C氏は『医療やケアではなく、普通の生活の保障です。』と答えがあった。

3．考　察：「びわこ大学校」における障害の重い人の青年期・成人期の発達保障

　約15年間の実践のなかで、参加「学生」の障害の重度・重複化、医療重度化、加齢という現実があり、それに合わせて「支援者」らは活動の目標や内容、活動体制や配慮事項をその都度調整してきた。以下では、約15年間の継続した実践のなかで、一貫して大切にされてきたことを、【「学び」の内実】と【「学び」を支える教育的支援】を明らかにしながら整理し、「びわこ大学校」における障害の重い人の青年期・成人期の発達保障について考察する。

重症心身障害者の青年期・成人期の発達保障

　約15年間の実践で一貫して大切にされてきたことは、以下の５点である。その１点目は、両時期の「支援者」が実践創造のために共通して意識していたこととして、「障害が重ければ重いほど、生活の中に、『医療』だけではない、豊かな時間を」追求していたことがあった。これは、両時期の「支援者」らに共通してみられた【「学び」を支える教育的支援】の基本姿勢であるといえる。呼吸器の装着や、頻繁なてんかん発作など、「生きていくこと」そのものに大きな苦労と努力、そして医療の支援がいる「学生」たちは、医療や介護が生活の大半を占める。日常的な職員からの声かけも、どうしても医療や介護に関する事柄になってしまう。そこで、実践を計画する際に、「大学校」開設当初の「支援者」は、『大学生ではどのようなことをするのか』、『(障害がない人が) 普通にすることを、限られた入所 (という環境) の中でいかに経験してもらうか』を常に考えていた。そして、現在の「支援者」は、『「医療」や「ケア」の会話が多い中で、日常的な普段の生活の会話がすごく増えるのがこの活動なんです』と述べていた。「支援者」らのこうした姿勢により、「学生」は「大学校」の活動を契機とした『人とのやりとり』が増え、自らの『世界を広げ』るという、「医療」だけではない豊かな時間を、「大学校」以外の時間に、「大学校」以外の職員らと創造していた。

　２点目として、上記の「豊かな時間」の中身を、「学び」として「学生」と「支援者」とで創り上げていたという【「学び」の内実】があったことである。「大学校」の活動では、季節や文化に触れ、感じ合うこと、選択や決定を尊重し合い、「学生」が今の自分に向き合うことなどが、意図的に行われていた。こうした多様な経験のなかで、「学生」が主体となって物事を選択し、選び取ったことを実践し、達成感を味わうという「学び」があった。また、限られた環境や条件のなかにあっても、「学生」らは四季のうつろいに応じた自然や伝統文化を教材を通して味わい、仲間や職員らと分かち合っていた。どんなに重い障害があっても、仲間とともに感じ合い、そのなかで「自分」の存在を意識するという「学び」があった。その際、「支援者」は、「学生」からの極微の意思表示を読み取り、受けとめるという丁寧なやりとりを重ねていた。また、「学生」の「今持っている力」を引き出し、発揮できる

機会を保障していた。これら「支援者」によるきめ細やかな【「学び」を支える教育的支援】によって、「学生」の「学び」は保障されていたのである。複数の重症児者の「離床」には多くの時間も人手も必要とし、労を要することでありつつも、「大学校」の活動では、「学生」らの「学び」を保障するために、あえて集団で活動することを継続していた。

　3点目は、こうした「大学校」での学びを通して、「学生」らが人との関係性を広げていたことである。これらは、「大学校」開設当初の『活動を通して「学生」さんの世界を広げたい』という「支援者」の思いを【「学び」を支える教育的支援】として具現化し、継続してきたことである。「大学校」の活動が契機となり、その時間以外での「学生」と住棟内の「支援者」、住棟外の職員、そして家族へと、人の輪が拡がっていた。「大学校」での「学び」の時間は、ケアや介護を「受ける」利用者であるという日常を反転させ、「学生」が人と人とをつなぐ架け橋となっていた。

　このことは、どんなに障害が重くても、「受け身」の存在ではなく、「主体」となり得ることを示していた。活動のなかで、「学生」自らが「選択」すること、納得して「笑顔」になることや、役割を達成して満たされた表情を示した時、人との関係性をつくり拡げていた時、「支援者」らは「学生」の「主体性」と、彼らが「学ぶ」ことの意義を確信していた。そして「学生」らの学ぶ姿は、『またやろう』と「支援者」らを勇気づけていた。こうしたプロセスを経るたびに、「支援者」らは重症・超重症とされる彼らが「学ぶ」ということの意味を再考していた。「学び」の概念の捉え直しが、「学生」の【「学び」の内実】をつくり、その【「学び」を支える教育的支援】として、繰り返し行われ続けてきた。これが第4点目である。

　最後に、2つの調査で共通して述べられていたことは、【「学び」を支える教育的支援】の具体的方法としての活動体制についてであった。「看護師の協力なしでは成り立たない」と、開設当初の「支援者」も、現在の「支援者」も強調していた。活動の際には療育・教育・福祉職と、医療職が綿密に連携し、「学生」の体調面でのサポートや、離床・移動を安全に行うためのサポートが行われていた。また、活動のための普段の体調管理や、活動時に「学

生」が力を発揮できるために綿密に検討された企画や教材、運営・進行など
のすべては、多職種の協働で行われていた。職種が異なっていても、「学生」
の発達を保障するために、それぞれの専門性を生かして見事な連携と協働が
なされていたのであった。

おわりに－障害の重い人の「学び」の姿が私たちに伝えるもの

　田中昌人（2003）は、障害の軽重にかかわらず、「義務教育修了後も、高
等学校年齢段階の教育はもちろんのこと成人年齢まで、各自にふさわしい学
習と教育」[44] が必要であることを訴えてきた。これには２つの重要な意味
があった。１つは、義務教育終了後においても、憲法で規定された「教育を
受ける権利」が存在し、その保障を訴えたこと。もう１つは、青年期・成人
期以降においても「一貫した生活と教育と労働の保障にもとづく新しい教育
分野」によるサポートがあることで、どんなに障害が重い人であっても「年
月をかけてつぎつぎと新しい人格の内容を質的に豊かにしていくという限り
ない人格発達の道」を歩むことである [45]。特に、青年期・成人期の「学び」
について、教育的に意図された集団や環境が保障されることで、学ぶ者同士、
学ぶ者と教授する者同士とに「相互間に内面的に外部に開かれた教育的な回
路」ができるようになると、学ぶ者の「内面性の啓培」は一層豊かとなり、
たとえその人が、客観的には同じ発達段階にとどまっていたとしても「人格
の発達的な基礎を密度高く豊かにして創造性豊かな人格を形成していく」こ
とを明らかにしている [46]。

　田中が、自らの発達研究の地歩を固めたびわこ学園では、1960年代から
青年期の障害のある人たちの発達保障に取り組んできた。当時は就学猶予・
免除の対象であった青年たちへの療育・教育活動と教育権を求める運動であ
ったが、ここで模索された一人ひとりの思いや願い、主体性を大切にし、自
己実現を保障していこうという「発達保障」の実践が、のちの障害の重い青
年・成人の人たちへの療育活動を支える基盤となった。

　2000年代からびわこ学園で始まった「びわこ大学校」の実践では、どん
なに障害が重くても、「主体性」を持ち、自らが「学び」の主人公になると

いう取り組みが重ねられていた。重症・超重症と呼ばれる人たちであっても、それぞれに「学びたい」という思いや願いがあり、「学び」を通して自らの揺れる内面と向き合い、確かに、その内面を豊かにしていた。また、「学び」を通して人と人との関係性を築き、人と人とをつなぎ、自らの、そして自らと関わる者たちの世界を拡げていた。「学び」によって今持てる力が引き出され、その段階における「新しい自分」となっていく、「大学校」は、まさに「内面性の啓培」を保障する取り組みであった。同時にそれは、青年期・成人期を通した人間発達の機会を学習者の権利として保障していく「権利としての生涯学習」[47]の実践でもあった。

　びわこ学園の創設者である糸賀一雄（1916-1968）の有名な言葉に「この子らを世の光に」がある。そこに糸賀は、「子ども自ら輝く素材そのものであるから、いよいよ磨きをかけて輝かそう」[48]という意味を込めていた。糸賀のいう「磨き」とは、本人の本来持つ可能性を引き出すように基礎的な身体的条件を整え、内面が揺れ動く経験を積み重ね、そのなかで人との関係性が充実していくことを意味していると推測できる。「発達保障」の提起（1961年）から60余年、最重度の人たちの学び続ける姿とそれを支える営みは、「学び」や「教育」の原点に、私たちを立ち返らせてくれるものである。

謝辞：本研究にあたって、貴重なお話を聞かせていただきましたA氏、B氏、C氏に心より感謝申し上げます。また、何度も実践を参観させていただいたびわこ学園医療福祉センター野洲の皆様、「びわこ大学校」の「学生」の皆様に心より感謝を申し上げます。本研究はJSPS21K13633の助成を受けて行われました。

【引用文献ならびに注】
（1）文部科学省特別支援総合プロジェクトタスクフォース（2016）「文部科学省が所管する分野における障害者施策の意識改革と抜本的な拡充～学校教育政策から『生涯学習』政策へ～」（2016年12月14日）（https://www.mext.go.jp/b_menu/houdou/28/12/__icsFiles/afieldfile/2016/12/19/1380729_04.pdf）（2024年5月16日閲覧）
（2）文部科学省ホームページ　報道発表（2017年4月7日）「特別支援教育の生涯学習化に向けて」
（3）國本真吾（2023）『ライフワイドの視点で築く学びと育ち—障害のある子ども・青年の自分づくりと自分みがき—』日本標準, p.12.

（4）水野和代（2023）「我が国における障害者生涯学習政策5年間の検証」『月刊社会教育』第67巻第5号，pp.76-79.

（5）國本真吾（2020）「知的障害者の『権利としての生涯学習』」『障害者問題研究』第47巻第2号，p.26.

（6）津田英二（2024）『生涯学習のインクルージョン　知的障害者がもたらす豊かな学び』明石書店，p.45.

（7）井上悦子，久古直子（2018）「青年学級の実践　宮津障害者青年学級の47年の歩み」『障害者問題研究』第46巻第3号，pp.66-71.

（8）渡部昭男（1994）「青年期教育の実践的課題」『障害児の思春期・青年期教育』労働旬報社，pp.168-198.

（9）船橋秀彦，森下芳郎，渡部昭男（2000）『障害児の青年期教育入門』全国障害者問題研究会出版部，p.14.

（10）田中良三，國本真吾，小畑耕作，安達俊昭，全国専攻科（特別ニーズ教育）研究会編著（2021）『障がい青年の学校から社会への移行期の学び』クリエイツかもがわ，pp.8-15.

（11）平井威（2016）「『自分を知り社会を学ぶ』『いっしょに学び共に生きる』―オープンカレッジ東京」田中良三，藤井克徳，藤本文朗編著『障がい者が学び続けるということ―生涯学習を権利として』新日本出版社，pp.89-104.

（12）田中良三（2016）「発達障がい青年のための大学教育入門―愛知県立大学におけるオープンカレッジ」同前書，pp.105-120.

（13）前掲（8），p.221.

（14）同上，p.221.

（15）白石恵理子（2007）『しなやかに　したたかに　仲間と社会に向き合って』全国障害者問題研究会出版部，p.77.

（16）白石恵理子（2002）『一人ひとりが人生の主人公　青年期・成人期の発達保障』全国障害者問題研究会出版部，p111-112.

（17）峰島厚（2015）「障害者の発達保障をめぐる課題」『立命館産業社会論集』第51巻第1号，p.143.

（18）前掲，（8）pp.199-211.

（19）前掲，（16），p.77.

（20）清水貞夫，黒田学（2022）「出前の社会教育訪問学級のはじまりと障害者の生涯学習―東京都中野区および日野市の社会教育訪問学級を事例に―」『立命館産業社会論集』第57巻第4号，pp.141-152.

（21）重度障害者・生涯学習ネットワーク（2017）「『医療的ケアが必要な重度障害者の生涯学習』理解推進パンフレット～いつでも、どこでも、だれにでも、学ぶ喜びを！」

（22）2017年、重度障害者の生涯学習に取り組む11の関係団体により結成した重度障害者・生涯学習ネットワークは、2023年、NPOや大学、任意団体など全国に16の関係団体が加入し、ネットワークを拡大しつつある。

（23）びわこ学園は、「発達保障」「この子らを世の光に」という理念を掲げて糸賀一雄により設立された重症心身障害児施設であった。設立当初の第一びわこ学園、第二びわこ学園は、それぞれびわこ学園医療福祉センター草津、びわこ学園医療福祉センター野洲へと名称変更され（2007年）、2012年障害福祉制度の変更に伴って重症心身障害児施設から医療型障害児入所施設・療養介護事業所として重症心身障害児者への一貫した支援を行っている。

（24）びわこ学園（1983）「えいたつ君の20年」『びわこ学園の20年　1963-1983』，p.141.

（25）2000年の社会福祉基礎構造改革の頃まではびわこ学園の利用者らは「園生」と呼ばれていた。1990年代後半のびわこ学園からの公刊資料では「園生」と「利用者」という表記が混在するようになり、2000年以降は、「利用者」という表記に変更されていることが、びわこ学園年報より確認できる。本稿においては、時期に応じて当時、学園で呼ばれていた呼称で表記する。

（26）びわこ学園（1978）「ハトAグループ――"わかる子"の発言のうけとめ」『びわこ学園の15年　1963-1978』，p.212-221.

（27）前掲，（24），p.141.

(28) 前掲，(26)，p.212.

(29) 前掲，(24)，p.141.

(30) 青木嗣夫『僕、学校へ行くんやで』鳩の森書房，p.10.

(31) 前掲，(24)，p.143.

(32) びわこ学園（1983）「4．D群の療育のまとめ」『びわこ学園の20年　1963-1983』，p.193.

(33) 徳永昌代（1993）「加齢にともなう身体的、精神的変化について」『第13回びわこ学園実践研究発表会』資料，p.5-6.

(34) 超重症児（者）とは、重症心身障害を定義する際に用いられることの多い「大島分類」（大島一良（1971）「重症心身障害の基本的問題」『公衆衛生』第35号，pp.649-655.）を基準とする重症児（者）の概念では対応できない障害児（者）グループのこと。医療行為の実態をスコア化し、障害分類の基準から、その合計点が25点以上が「超重症児（者）」、25点には満たないが、重症児（者）とは医療・介護ニードの違うものを「準超重症児（者）」とした。（鈴木康之（2017）「超重症児（者）、準超重症児（者）、いわゆる動く重症心身障害（者）」岡田喜篤監修『新版　重症心身療育マニュアル』医歯薬出版株式会社，p.15-17.

(35) 本研究実施当時の筆者の所属先である。

(36) びわこ学園医療福祉センター野洲第1病棟「障害の重い人たちの自己実現を目指して超重症・準超重症者の活動～『びわこ大学校・専門学校』～」，研究協力者より提供の資料，p.1.年代不詳.

(37) 山口俊一，加納雪絵，市原尚，岡崎洋実，栗岡由佳（2010）「『びわこ大学校』の取り組み－卒業後の医療重度の利用者への日中活動支援―」，びわこ学園第31回実践研究会資料，研究協力者より提供の資料，p.1

(38) 前掲（36），p.3.

(39) 同上，p.3.

(40) 同上，p.2.

(41) びわこ大学校・専門学校資料（2018）「今年度の支援計画の確認と今後の課題」，研究協力者より提供の資料，p.1.

(42) びわこ学園医療福祉センター野洲内の野洲養護学校北桜校舎.

(43) 鵜飼敦史（2020）「支援職員が超重症児者の活動を企画する上で大切にしてきたこと～びわこ大学校での企画を通して～」びわこ学園第38回実践研究会資料，研究協力者より提供の資料，p.40.

(44) 田中昌人（2003）『障害のある人びとと創る人間教育』大月書店，p.108

(45) 同上，p.123.

(46) 同上，p.122.

(47) 前掲（5），p.26.

(48) 糸賀一雄（1968）『福祉の思想』日本放送出版協会，p.177.

Guaranteed the Right to the Development during Adolescence and Adulthood for People with Severe Disabilities as seen from the Practices of "Biwako University" in Biwako Gakuen

UNAI, Akari

Associate Professor

Graduate School of Education, Naruto University of Education

Keywords

"Biwako University," Biwako Gakuen, Guaranteed the Right to the Development, People with Severe Disabilities, Adolescence and Adulthood

Summary

A "policy" for lifelong learning for people with disabilities has been in operation since 2016. On the other hand, in the field, educational efforts have been made for adolescents and adults with disabilities since the 1960s, about half a century before the national government implemented such measures.

This article focuses on the practices of "Biwako University" in Biwako Gakuen, which began working in 2008 to Guaranteeing the Right to Development of severely mentally and physically disabled people in their youth and adulthood, and examines its practices and philosophy. Through this study, I will consider the ideal form of "Guaranteeing the Right to Development" of adolescents and young adults.

First, I summarized the history of practices at Biwako Gakuen that "Guaranteeing the Right to Development" of people with disabilities during adolescence and adulthood. At Biwako Gakuen, initiatives for disabled adolescents began in 1966 with the efforts of the "Hato A Group." This practice was also a movement for the right to education for those who had not been guaranteed the right to receive education at the time. In the 1980s, the number of students in their 20s and 30s increased, and it needed to explore the content of treatment for adolescence and adulthood in Biwako Gakuen. In the 1990s, the disabilities of facility users became more severe and more complex, and a treatment system that placed emphasis on medical care and nursing became necessary. Facility activities centered on individual activities rather than group activities and focused on medical and nursing care. Against this backdrop, in 2008, the "Biwako University" initiative was launched as an initiative to ensure that seriously ill and extremely seriously ill users can continue their activities even after they graduate from school.

In Chapter 2, we examined the practices of "Biwako University" by comparing the time when "Biwako University" was established and the present. I conducted interviews with staff who were involved when it was launched, as well as current staff. As a result, the following five points were revealed as things that have been consistently valued throughout the approximately 15 years of "Biwako University's" efforts. The first point is that supporters have always been aware of this in order to create practice: "The more severe the disability, the more enriching time in life that goes beyond just medical care." The second point is that this "rich time" included the element of "learning." The third point is that "the students" were able to expand their relationships with other people through their learning activities at the "Biwako University." The fourth point is that supporters were asking students with severe disabilities what it means to "learn" and reconsidering the concept of "learning." The fifth point is that there was collaboration among multiple professions to support the activities.

In the practice of "Biwako University," efforts were made to encourage people with disabilities to have a sense of independence and become the protagonists of their own learning, no matter how severe their disability. Even people with very severe disabilities had the desire and desire to learn, and through learning, they faced their own shaky inner lives and enriched them even more. In addition, through "learning," they built relationships with people, connected people, and expanded their own worlds and the worlds of those they interacted with. More than 60 years after the idea of "Guaranteeing the Right to Development" was first proposed in 1961, we must continue to think about the true meaning of "learning" and "education" as we see how people with the most severe cases continue to learn and the work that supports them.

大学評価学会年報『現代社会と大学評価』 第20号（2025年）

《論文》

ドイツにおける大学の規制緩和と財政政策の展開
ノルトライン・ヴェストファーレン州の財政自治制度に着目して

横山岳紀（名古屋大学大学院教育発達科学研究科・日本学術振興会特別研究員）

Ⅰ．はじめに
1．問題の所在と課題設定

　21世紀のはじめ、世界各国は高等教育に関する重大な問題に直面した。高度に発展した社会における高等教育の重要性の急速な高まりと高等教育に要する費用の急激な増加である。この高等教育費を取り巻く問題は、厳しい社会経済状況下において、公的財政負担の縮減と授業料による受益者負担の呼び水となった。Altbachらは、以上のような問題はほぼ全ての国において見られるとされ、各国は社会・政治的背景を考慮した実現可能な解決策を見出し、実行に移す必要性が生じることは疑いのないものであると指摘している（Altbach et al. 2010、74頁）。

　このような財政改革の必要性に迫られたのは、ドイツも例外ではなかった。ドイツでは1990年代から2000年代にかけて大幅な大学制度改革が進められ、その結実となったのが1998年の連邦大学大綱法（Hochschulrahmengesetz）の第4次改正であった（竹中2021、22-23頁）。ドイツにおいては、教育分野については文化高権が存在し、州の管轄事項であるため、元来連邦は教育に対する権限を有していなかったが、1960年代の大学紛争を背景として大学の民主化政策が進められるとともに、1973年の大学判決を経て、1976年に大学制度の一般原則を定める連邦大学大綱法が施行された（藤井・栗島2022、57-59頁）。すなわち、連邦に大学制度の枠組みを定める権限が付与さ

れたのであるが、1998年はその大綱的枠組みの規制緩和が行われたもので
あった。

　というのも、Altbachらの指摘にあるような高等教育費の増加と厳しい社
会経済状況はドイツも例外ではなかった上、大学のほとんどが州立であるド
イツにとっては高等教育費の増加は必然的に公財政の逼迫につながることと
なった。具体的な背景としては、1990年の東西ドイツ統一による連邦全体
でのコストの増大（葛谷2023、244-246頁）や1990年代初頭の経済成長率の
低下[1]という状況下において、大幅な学生数（大学入学資格取得者）の増
加が見込まれていたことが指摘できる。特に後述するノルトライン・ヴェス
トファーレン（NRW）州において、1990年に行われた州議会第11会期初期
の科学研究委員会においても、与党・社会民主党（SPD）の委員から「大学
計画を再考するにあたり、大学入学者が1989/90年の57,000人から2010年に
は78,000人に増加するという文部省の推定を考慮する必要がある」（NRW-
Landtag1990、9頁）との指摘があり、経済成長の鈍化と学生数の増加に強
い懸念が示されていた。

　このような状況下において、緊縮財政を進めるための準備として、資源配
分における大学評価等の競争原理の導入、加えて予算に関する規制緩和によ
って生じる大学における資源配分強化のための大学組織改革が進められたの
である（吉川1999・別府1999）。これらの1990年代の大学改革については、
規制緩和を伴う改革であると同時に、財政制度の改革においては予算を一括
交付する包括予算（Globalhaushalt）が普及しつつあったとされる（金子
1997、133-136頁）。これらは近年の研究でも、大学への財政権限の委譲・包
括予算の導入・競争環境の形成といった点が2000年前後の規制緩和政策の
特徴であったことが指摘されている（竹中2021、23頁）。その中で、金子は
NRW州において財政自治（Finanzautonomie）という、大規模な規制緩和
を伴う財政改革が進められたことを指摘している（金子1997、135-137頁）。

　そこで本稿は、高等教育に対して厳しい財政縮減の圧力がかかる中、大学
に対して財政権限の委譲を進めたとされるNRW州の財政自治制度を検討す
ることによって、ドイツの大学財政政策の展開の一端を明らかにしようと試

みるものである。

2．先行研究の整理

NRW州の大学財政政策を扱った研究としてKischkelら（2002）、Minssen
ら（2002）、CHE（2005）、CHE（2018）、横山（2022）、竹中（2024）が挙
げられる。これらの先行研究群の概要を整理すると、財政自治制度導入当初
の評価についてKischkelら（2002）、財政自治制度を構成する財政評価配分
についてMinssenら（2002）、包括予算についてはCHE（2005）、財政自治
制度導入から約20年後の状況についてはCHE（2018）、財政自治制度に関わ
る法改正の分析については横山（2022）、学内の資金配分の仕組みについて
は竹中（2024）が明らかにしていると言える。個別の研究の詳細は、以下に
整理する通りである。

Kischkelら（2002）は、NRW州における1990年代初頭の大学改革から
2000年代初頭の約10年間を対象とし、それらの改革が大学の自治を高めた
のか否かを大学政策や法制を中心にドルトムント大学の事例を含めて検討し
たものである。なおKischkelは、2001年から2009年までドルトムント大学（現
在のドルトムント工科大学）の事務局長を務めた人物であり、改革の当事者
の視点から大学改革の分析が為されている点にも意義がある。

Minssenら（2002）は、NRW州が始めた大学に対する財政配分の指標化
を対象として、財政配分の指標化が教授・学長室・学部長等のそれぞれの立
場から見てどのような影響があったか、また大学の経営にいかなる影響を与
えたかについて実証的に分析している。

CHE（2005）は、NRW州の大学財政配分における包括予算の導入にあた
って必要な業務や計画等の提言を行っている。例えば事業計画の策定や予算
交渉や政府による規制の在り方等である。CHE（2018）は、NRW州とブラ
ンデンブルク州の財政自治について、政治的に主張される「財政自治」と実
際の財政自治の相違を実証的に明らかにしている。これは、いわゆるニュー・
パブリック・マネジメント（NPM）理念の下、1990年代以降ドイツ全体で
行われてきた大学改革を背景として、政府による間接的な統制方式への変更
や大学評議会（Hochschulrat）の導入による学内意思決定の改革、大学内外

における競争原理の導入といった大学ガバナンス改革が進められる中、日常的な大学における意思決定の中で財政にかかる運営はどのように変化しているのかを明らかにすることを研究課題としている（CHE 2018、4頁）。

横山（2022）は、NRW州で財政自治制度が導入された2000年大学法と大幅な制度改正を行った2014年大学法の条文を比較検討し、財政自治制度がどのように進展していったかを明らかにしている。

竹中（2024）は、ドイツの全体的な大学財政の状況をフォローしつつ、ドイツにおける大学内の資金配分の在り方を検討している。事例としてNRW州内にあるデュイスブルク・エッセン大学の検討を通して、政府から大学に交付された基盤交付金の学内における取り扱いにおいて、部局の自律した予算執行が認められていることを明らかにし、分権的な予算運用と学内統治が行われていると指摘している（竹中2024、6-8頁）。

これらの先行研究群については、NRW州の財政自治制度の試みが始められた1990年代から現在に至るまでをほぼ網羅的にフォローするとともに、財政自治制度を構成する仕組みについても評価配分や包括予算等の主要な点を押さえているように見える。しかしながら、それぞれが断片的な財政自治制度の実証研究に留まっていること、とりわけCHE（2018）は現在の財政自治制度の状況把握には詳しいが、Kischkelら（2002）以降のNRW州における史的展開が明確でないことが指摘できる。横山（2022）は大学法改正の比較検討を行っているものの、大学法改正の部分的検討に留まっており十分でない。なぜならば、NRW州議会は2000年代に複数回政権交代を繰り返しており、大学制度の中心を為す大学法も2000年、2006年、2014年、2019年と政権が代わる度に改正が行われており（木戸ら2024）、更なる検討が必要であるためである。ただし木戸ら（2024）は、その研究の対象を大学ガバナンス改革としており、財政に関しては主たる検討の対象としていない（寺倉執筆担当箇所）。

以上の先行研究の限界を参酌すると、2000年代においてNRW州の財政自治制度は政策的にどのように展開していったのかを法改正を対象として把握するアプローチの必要性が導出されよう。そこで本稿では、ドイツのNRW

州における財政自治制度に着目し、政治的な状況を整理した上で、1990年代に議論された財政自治制度が2000年代の州大学法改正においてどのように展開していったのかを明らかにすることを目的とする。

II．NRW州の政治状況

表1．ドイツ連邦議会とNRW州議会の政権与党[2]

	1966	1969	1982	1998	2005	2010	2017	2021
連邦	CDU	SPD	CDU	SPD	CDU			SPD
NRW州	SPD				CDU	SPD	CDU	

NRW州は、人口約1,800万人のドイツ最大人口を有し、ルール地域に代表されるように総生産6,915億ユーロを誇る工業都市である[3]。これらのことから容易に想像されるように、人口の多くを労働者が占める州であり、中道左派政党のSPDの牙城として長らく君臨してきた。NRW州議会選挙は、州人口がドイツ全体の2割を占めることから、連邦議会選挙の政治状況を表すものとしても認識されてきた（安井2005、29頁）。

2005年の州議会選挙では、1966年から約39年もの間続いたSPD政権から、中道右派政党のキリスト教民主同盟（CDU）への政権交代が起きた。1998年から続いた連邦のSchröder政権（SPD）下による失業率の増大で、2000年の連邦議会選挙以降、各州議会でSPDが与党の座を失う中で赤緑[4]連立政権を維持していたNRW州でも、結果として相対得票率でCDUが44.8％、SPDが37.1％となり、SPD支持層がCDU支持へ流れる結果となった（安井2005、30-32頁）。

いわば歴史的転換点となる政権交代を遂げたCDUであったが、実際には5年という短期政権に終わった。CDUは2005年以来、連邦大学大綱法改正（1998年）時に連邦教育大臣を務めていたRüttgersが州首相を務め、自由民主党（FDP）と連立した黒黄政権として運営されていた。政権自体は短命であったが、大学政策においては大規模な改革が行われ、2006年に大学自由法（Hochschulfreiheitsgesetz）を成立させた。大学自由法は、大学の

ガバナンス（組織）改革が中心であったため、学外者を大学の意思決定に関与させる大学評議会が設置され、大学自身の財政に関する権限も強化された（木戸ら2024、97頁）。つまり、大学の権限をより強化することで、2000年大学法で進めた規制緩和をより具体化する政策が進められたのである。

　2010年の選挙では、明確な争点が無いことから教育が主要テーマとして扱われ、もっぱら中等教育段階であるギムナジウム・実技学校・基幹学校の三分岐型教育制度の改変の是非に政策の差異が見られたと指摘されている（中川2013、55頁）。CDUは、三分岐制維持を訴え、FDPもそれを擁護した一方、Kraft率いるSPD、緑の党は実技学校・基幹学校の統廃合に加えて、幼児教育・高等教育の学費撤廃を主張するなど、社会保障的政策に傾斜した（中川2013、55頁）。しかし、Rüttgersの収賄が発覚したことによるCDUの低迷と、SPDの善戦も加わり、最終的に得票率はCDUが34.6%、SPDが34.5%と拮抗したが、前回選挙比ではCDUが10.2ポイントも減らす惨敗となった（中川2013、55頁）。結果としてCDUとSPDの獲得議席は同数となり、議席過半数の91議席には黒黄のCDUとFDP、赤緑のSPDと緑の党いずれの連立でも過半数を満たすことができず、赤緑にFDPを加えた少数連立政権が成立することとなった。

　選挙の争点となっていた高等教育の学費撤廃は、2006年にCDUが大学に授業料を導入したことに対抗する政策であり、実際にSPDによって2011年に廃止された。また選挙では明確な争点となっていないが、2006年大学法に不満を持つSPDは2014年に大学法の改正を行うこととなった。

表２．NRW州議会2005年及び2010年選挙結果[5]

選挙会期・議席数		SPD	CDU	緑の党	FDP	左翼党
2010年 第15会期 （181）	得票率	34.5%	34.6%	12.1%	6.7%	5.6%
	前回比	-2.6	-10.2	+5.9	+0.5	+2.5
	議席数	67	67	23	13	11
2005年 第14会期 （187）	得票率	37.1%	44.8%	6.2%	6.2%	3.1%
	前回比	-5.7	+7.8	-0.9	-3.6	+2.0
	議席数	74	89	12	12	0

ここまで概観した通り、NRW州議会は2005年の選挙においてCDUが政権交代を果たすものの、2005～2010年（第14会期）の短期政権に終わり、依然としてSPDが強い影響力を持っていることは間違いない。しかし、2005・2010年の両選挙を見ても明らかな通り、CDU・SPDのいずれも単独過半数を獲得できておらず、それぞれ政策的思考の近いFDP・緑の党との連立が中心となっている。また冒頭で、NRW州はSPDの牙城であると述べたが、特に1995年を境としてやや状況が変化していることを指摘しておく必要があろう。1995年の第12会期以降、CDU・SPDのいずれも単独過半数を超える議席を獲得できておらず、いずれも連立政権となっている。実際に、SPDの長期政権が始まった第6会期[6]から第8会期までの約15年間はSPDとFDPの連立政権であり、単独過半数を維持できたのは第9会期から第11会期の15年間となっている。すなわち、SPDはNRW州において政権を長らく維持してきたとはいえ、有権者の票は流動的であり、同州の政策立案に対しても時宜を捉えた世論が影響してきたと考えられる。

　このように労働者の街という強力な地盤をもつSPDが1990年代の大学政策を推進してきた一方で、2005年以降政権が交代するたびに大学法の改正が行われている。このように数年毎に改正を繰り返している大学法は、それぞれの政権与党の政策的思考を捉えることが出来ると同時に、大学改革の変遷を明瞭化する格好の素材となるのである。

Ⅲ. 1990年代の財政自治モデル実験とその評価

1. モデル実験の概要

　NRW州における財政自治制度は、1990年に同州科学研究省が「NRW大学政策1990-1995年（作業計画）」の中で「モデル実験『大学と財政自治』」として示している（NRW1990）ことに端を発する。モデル実験は、1992年にルール大学ボーフム及びヴッパータール大学の2校において実施され、順次実験対象校を拡大し、1996年にすべての大学に財政自治制度が適用されるようになった（金子1997、135頁）。

　モデル実験以前のNRW州を含むドイツの大学財政制度は、州の予算規則

の詳細な規制を受けており、一般行政に対する予算と同様に総計予算主義に基づき収入と支出は全て省の予算計画に記載されなければならなかった。とりわけ予算の繰越や流用も基本的に認められず、学術研究の遂行の不確実性や長期間にわたる計画を必要とする研究プロジェクトといった大学特有の事情は考慮されていなかったことが指摘されている（金子1995、160-161頁）。

1992年発行の同省の資料「モデル実験『大学と財政自治』」の中には、モデル実験の特徴として「収入・支出費目の柔軟化・人件費流用の許可・自己収入の確保」の３つが挙げられている（NRW1992）[7]。収入・支出費目の柔軟化は、収入や支出の費目の規定を緩和することで大学が自ら収入や支出の運用を決めることができるというものである。人件費流用の許可は、教授不補充の期間の教授１名相当の費用を他の支出に用いることができるというものであり、例えばモデル実験期間内という限定つきではあるが、学術職員・事務職員等を最大５％増員することも認められている。自己収入の確保は、大学施設の使用料等を大学自らが利用できるようにするというものである。科学研究省によれば「施設を開放し、新たな収入源を探すという大学自身の意識を強化する」（NRW1992、４頁）と宣伝されている。

２．モデル実験に対する大学構成員からの評価

モデル実験開始から２年後の1994年６月31日にNRW州科学研究省とモデル実験対象校であるルール大学ボーフムとヴッパータール大学の三者主催で、モデル実験に関する討論会が実施された。その中で、科学研究大臣のBrunn、ヴッパータール大学学長のHödl、ヴッパータール大学物理学部長のDrees、NRW州学生自治会会議（ルール大学ボーフム学生）のSchneppendahl等の当事者がそれぞれモデル実験に対して見解を表明している。

Brunn科学研究大臣は、「改革の重要な要素は規制緩和である」（NRW1995a、903頁）と述べるとともに、「1970年代の大学改革の基礎となったのは、民主的な高等教育制度のモデルであった」（NRW1995a、903頁）とする一方、「これらの発展は官僚化や法化を生み出し、今日必要な改革を困難にしている」（NRW1995a、903頁）と述べ、財政自治制度の必要性を主張する。ここで官僚化・法化と言われているのは、学生紛争を踏まえて行われた1970年

代の大学改革が、学生の大学の意思決定への参加を考慮した影響で、法律で詳細に大学制度を統一したこと、またそれに伴って大学制度が官僚的な仕組みとなってしまっていると主張しているものである。またモデル実験の目的は「憲法で保障される大学の自治を資金使用の責任を認めることを通じて補完すること」（NRW1995a、904頁）であるとし、併せて大学の財政的な余裕を大幅に増やすこと、大学が資金を適切かつ柔軟に使用できる仕組みを整備すること、大学の行動力を強化すること、大学と省庁間の業務を削減することを目指していると主張している（NRW1995a、905頁）。本節1項冒頭にモデル実験の特徴として、「収入・支出費目の柔軟化、人件費流用の許可・自己収入の確保」の3つの原則を挙げたが、Brunn大臣はそれに加えた4つ目の原則として「将来的に予算総額の1％を投資目的の積立金として計上できる」（NRW1995a、907頁）ようにすることを表明している。これは12月末の予算の使い切りを軽減する目的もあると説明されている。また財政自治制度を導入することによって、議会や省庁による財政に対する統制が少なくなることから、統制手法を検討するとともに、業績成果連動型の資金配分を強化すると述べている（NRW1995a、907-908頁）。

　ヴッパータール大学学長Hödlは、「基本的な仕組みとして財政自治は正しいと考えている」（NRW1995a、932頁）とした上で、「より柔軟な構造的発展という観点から、大学を営利企業に発展させるべきではない」（NRW1995a、932頁）と留意している。また、政府による安定的な財源確保が必要であることを前提に、大学の財政自治を高めるためには定量的なフレームの開発が必要であり、それを実行するためにはその指標に対する学内の様々な情報を収集する機関が必要となると述べている（NRW1995a、933-934頁）。

　ヴッパータール大学物理学部長Dreesは、大規模な新規プロジェクトを立ち上げる際に費用を要したが、一時的に人件費を物件費に投入できたことによって立ち上げが成功したと述べる（NRW1995a、920頁）。また、教授ポストの欠員によって生じた人件費を後任の教授の着任まで物件費として活用できたこともプラスに作用したと指摘している（NRW1995a、920頁）。

　NRW州学生自治会会議のSchneppendahlは、「財政自治の導入やモデル実

験の継続を拒否する」（NRW1995a、922頁）とし、その理由として次のように述べる（NRW1995a、922頁）。財政自治を運用するための意思決定構造が整備されていないため、都度学内の委員会で議論しなければならず非効率的であること。学生は学業との両立の関係で1年しか委員会に携われず、委員会において発言力を持つことが難しいこと。学内の資金配分をめぐる学内の利害対立が多いことである。このような問題を踏まえ、「資金決定に関する意思決定が学生を含めた委員会で行われることが望ましい」（NRW1995a、923頁）としつつ、実際には学長や執行部によって行われていると批判している。

　以上のようにモデル実験段階の財政自治制度に対しては、学生自治会のような批判もあるものの、大学関係者からは概ね肯定的な見解が示されていた。前節で指摘したように、大学は窮屈な大学財政制度の改善を求めており、モデル実験はこの財政制度の問題点を解消するための足がかりとなったのである。ただしこれは後述するように、モデル実験を端緒とする財政制度改革それ自体が全体の予算削減と結びついていたことを看過してはならない。

3．財政自治制度を軸にした大学改革の展開

　財政自治制度は、実際に制度化されたのは2002年になってからであったが、1996年に財政自治のモデル実験を全大学に適用した後も、矢継ぎ早に改革が進められた。1995年には機能改革（Funktionalreform）として、「州立大学にとってより少ない国家」という報告書が発表される（NRW1995b）。同報告書の中で、Brunn科学研究大臣も1990年代の大学改革の第一段階が財政自治制度の導入、第二段階が学修改革、第三段階が機能改革であると述べている（NRW1995b、9頁）。第二段階の学修改革は、ドイツにおいて高等教育費負担の増加とみなされてきた長期在学者の解消[8]のために、標準修業年限内の卒業者を評価配分の指標に組み込むといった財政自治制度の一角をなす議論であった。第三段階の機能改革の目的は、財政自治制度導入段階でも主張されていた大学の自治の強化や政府による規制の緩和等を前提として、一層の改革を進めるため特に大学経営の改善、とりわけ大学内の計画と意思決定構造の最適化、加えて研究と教育における大学の業績を透明化し、

109

効果的に評価することが掲げられている（NRW1995b、12頁）。これらの改革が、1995-2000年において議論がなされ、2000年に成立するNRW州大学法に結実することとなる。

このように1990年代に財政自治制度の導入を端緒として目まぐるしい改革が進められてきたNRW州であったが、さらに1999年に政府と各大学が「品質協定（Qualitätspakt）」という取り決めを結ぶこととなった。これは、州の厳しい財政状況を背景に大学に対して2009年までに2,000人の人員削減を要求する一方、代わりに1999年度予算に基づいて2004年まで大学予算は財政縮減の対象外とするというものであった。さらに研究・教育におけるイノベーションを生む中心拠点の支援として人件費1,000人に相当する基金を設立するというものであった。Kischkelらによれば、この品質協定に対してNRW州の大学関係者は痛烈に批判したものの、限定的ではあれ結果として緊縮財政から大学を保護するものとして機能したと指摘されている（Kischkel et al. 2002、100頁）。しかしながら同時に、NRW州は「品質協定」でさえ解決策を見出すことができなかったとも述べている（Kischkel et al.2002、100頁）。

総じて1990年代のNRW州大学改革をまとめるとすれば、財政自治制度のモデル実験を皮切りに、大学の自治を「強化」するという名目の下、予算の使い方に大学の裁量を認める一方、最終的に予算削減を大学に承諾させるというプロセスであったことが見て取れよう。これは竹中（2023）も程度の差はあるもののドイツの多くの州で同種の政府と大学の取引が行われたことを指摘している。ドイツにおいても厳しい経済状況に対する大学政策それ自体が承諾し難いものであったと言えようが、これらの改革論議が概ね1990年代に整理され、1998年の連邦大学大綱法第4次改正を踏まえ、2000年にNRW州大学法の改正を行うことになったことは、Altbach（2010）の指摘する世界的な動向とほぼ軌を同じくしていたと言えよう。

Ⅳ．大学法における財政規定の展開

本節では、1990年代の財政制度改革が2000年以降に大学法にどう具体化され、またどのように発展していくかを整理していく。冒頭で見たように

NRW州では2000年大学法改正を皮切りに、2006年の大学自由法、2014年の大学未来法（Hochschulzukunftsgesetz）、2019年の大学法改正の計4度の改正が行われている。これら大学法5条の「資金調達と経済管理（Finanzierung und Wirtschaftsführung）」の条文の変遷を検討することによって、財政自治制度を端緒として始まったNRW州の大学財政改革がいかなる制度として確立したのかを明らかにしていく。なお、年によって名称が異なるが、法律としては全て同じ大学法である。便宜上2000年大学法といったように制定年を冠して表記する。

1．2000年大学法

2000年大学法5条は「州による資金調達と包括予算（Staatliche Finanzierung und Globalhaushalt）」となっている。先に示したように2006年以降5条は「資金調達と経済管理」となっており、「州による」を冠している点において州が大学の財政を負担しているという前提が維持されていることが推定される。条文は2項で構成されており、その内容は次の通りである。

　　大学への国家による資金調達は、特に研究・教育及び若手研究者や芸術家の登用等、その任務の遂行において達成された業績に基づいて行われる。また、男女共同参画義務（3条3項）の履行状況も考慮されなければならない（1項）。

　　大学へ費用及び業績計算、報告、管理に基づく包括予算を導入する（2項）。

　1項では、資金調達は業績に基づくとされ、業績評価による財政配分が導入されたものとなっており、2項では、業績評価によって算出される包括予算の導入が規定されている。これらは、前節で見た通り財政自治のモデル実験で試行されていたものを、そのまま法律に規定したことが理解されよう。また関連する条文として6条「評価（Evaluation）」において大学の全ての構成員が評価に協力することを義務付けている。

以上のように、2000年大学法では財政自治のモデル実験で企図していた制度改革が極めて簡潔かつ遺漏なく規定されており、約10年をかけてモデル実験が具体化されたことが看守されよう。

２．2006年大学法

　2006年大学法５条は「資金調達と経済管理」において、条文を９項に大幅に増加させている。これは2006年大学法が、州立大学の法的地位（２条１項）を緩和し、従来の「国家機関であるとともに自治権を有する公法上の社団である」という二元制ではなく他の法的形態による設置（例えば財団法人型の大学）を認めたことにより、それに対応する財政規定が必要になったものと考えられる（６項）。また、2005年に従来無償だった大学に授業料を導入したことにより、授業料収入に関する項も設けられた（８項）。その他、スタートアップ企業の設置を認めたり（７項）、大学の借入も限定つきで認められるようになった（５項）。しかし重要なのは、大学への資金調達の方法の仕組みが明確化されたことである。

　　大学への国家による資金調達は、大学の職務、締結された目標及び業績に基づいて実施される（１項）。

　引用した１項は、大学への資金調達の方法として、2000年大学法と同様に評価配分を規定しているが、経済計画の管理（２項）や年次財務諸表の作成（４項）が義務付けられる等、大学の義務が明確になっている。これは６条の「目標・業績契約（Ziel- und Leistungsvereinbarungen）」において、政府が策定する戦略目標（６条１項）の下で、政府と大学が数年間にわたる契約を締結することが定められた（６条２項）ことによって、資金配分の根拠となる条文が追加されたことに起因している。「目標・業績契約は、予算に基づく大学への資金調達に関する規定も含まれる」（６条２項）としており、評価による配分が大学法に明確に規定され、州から大学への資金調達のシステムが明確化されたと言えよう。

3．2014年大学法及び2019年大学法

　2014年大学法では、5条「資金調達と経済管理」の条項についてはほとんど変更がない。ただし、2005年に導入した大学授業料が世論の強い反対を受け、2011年に廃止することが決定されていたため、2006年大学法で授業料に関する規定を置いていた5条7項は「州の大学への資金調達の改革モデルを試行するよう大学に命令することができる」という条文に差し替えられている。一方、6条は省と大学が締結する大学契約において合意する内容が明記された。その内容として「戦略的開発目標（3項1号）、及び具体的な業績目標又は具体的な財政目標（3項2号）」が定められている。

　以上のように2014年大学法は、財政面において大きな変更はなかったが、留意すべきなのは大学の管理における戦略目標の策定や大学と省の契約については、省がその詳細を定められるようになっており、具体的な方策は行政立法に委ねられているということであろう。実際に「大学協定Ⅲに関する特別大学契約（Sonder-Hochschulvertrag zum Hochschulpakt III（2016-2020））」や「修士課程に関する協定（Vereinbarungen zum Masterprogramm 2014-2020）」といった大学契約が省と大学の間で締結されている[9]。実際にそれらがどの程度財政の評価配分に影響を与えているかは別途検討を要するが、少なくとも戦略目標に基づく大学契約の締結は大学財政制度の一環として実際に駆動していることが理解されよう。なお、2019年大学法については2014年大学法からやや語句の修正があったのみでほとんど変更がなかったことを付記しておく。

4．小括

　2000年を含めて4つの大学法の財政規定を検討してきたが、その知見は次の3つにまとめられよう。

　第一に、1990年代の財政改革がその具体化として一応の完成を見たのは2014年大学法であるということである。2000年大学法において包括予算の導入と評価配分への道が開かれたことを皮切りに、評価配分の具体的制度としての目標・業績契約を予算措置へ反映させる仕組みが2006年大学法で整えられ、2014年大学法でその目標・業績契約の詳細な方向性が規定された

のである。財政自治のモデル実験を第一段階として始まったNRW州の財政制度改革はこのように成立していったのである。

第二に国家機関であり公法上の社団であった大学の法的地位を緩和したことによって、必要となる規則が増加したことである。外形的条件だけ見ても、2000年大学法でわずか2項であった条文は、9項に増加し、2019年大学法（現行法）では資料の4頁にわたって記載されるほど増加している（NRW 2019、22-25頁）。確かに大学に財政自治を与えるという当初の試みは、従来の硬直的な大学財政制度を緩和し、大学の裁量を高めたと大学関係者にとって当時は評価されたものであった一方、2006年大学法による大学の法的地位の緩和により、質保証（アクレディテーション）が必要となり、かえって省と大学の事務的負担は増加している。すなわち、省が法律によって大学を規制する従来の直接統治から、NPM的手法による間接統治への改変に留まっているとも理解できよう。

第三に財政自治を具体化するにあたって大学に必要な業務が圧倒的に増加していることである。目標・業績契約の交渉はもちろんのこと、年次財務諸表の作成や経済管理面において大幅に業務が増加している。第二に指摘したことと同様に州と大学の業務負担の軽減という点では、全く反対の効果をもたらしていると考えられる。

以上の3つの知見をまとめると、1990年代に試みられた財政自治制度は2014年大学法をもってほぼ完成を見たものの、当初議論されていた規制緩和や州と大学の業務負担の軽減等は、財政自治制度の実現によって正反対の状況が生み出されていると言える。CHE（2018）によれば「NRW州政府は大学の自治や財政自治に寛容な態度をとっている」（CHE2018、31頁）としているが、反対に大学関係者側から見て、これらの状況をもってしても、1990年代より前の大学財政制度より大学の自治が高まり、大学財政制度は改善したとは見なされ得ない状況にあると考えられる。

V．おわりに

本稿では、ドイツの大学財政政策の展開について、NRW州の大学財政政策、

特に財政自治制度の展開に焦点を当てて、1990年代に試みられた財政制度改革が度重なる法改正の中でいかに制度化されていくのかを明らかにした。特筆すべきは、Ⅱ節で外観したようにNRW州における財政自治制度は、当初SPDによって考案され、2000年大学法における暫定的な制度化に至ったのだが、その後CDUとの政権交代を繰り返す中で、一層の規制緩和が進められ、結果として財政自治の制度が確立していったことである。Ⅳ節でまとめた通り2006年大学法改正で財政自治制度の具体化が進められており、2014年以降はほぼそれを踏襲している。すなわちSPDによって構想されてきた財政自治制度が、かつてそれを野党として批判してきたCDUによって強化されたことで、NRW州の大学財政改革は大きく進展することとなったのである。

　本稿が明らかにした知見は、世界的な動向と同じく緊縮財政下における規制緩和政策という方向に舵を切りながらも、財政自治制度をはじめ大学関係者の一定程度の合意を取り付けながら財政改革を進めてきたということである。財政自治制度の導入を通じた規制緩和、その後の予算削減や評価配分の導入は大学関係者からは当然強い批判も為されてきた中で、NRW州政府は大学法の改正を進め、制度化に漕ぎつけたのである。ただし、これはNRW州政府主導の財政自治制度が真に学問の自由保障という観点から大学の自治を高めたと評価するものではない。むしろ本稿は、現在の大学財政制度に対する大学関係者からの評価、また財政自治制度の一環をなす評価配分や大学契約の実態を踏まえて、自治を高めるものとなったのかを批判的に検討するための前提を整理したものである。

　往々にして自治という理念とは反する傾向を持つ財政の評価配分や競争環境の導入といった規制緩和的な政策が、本稿が明らかにした知見を前提にして、ドイツの政府・大学関係者・社会等の様々な立場からどのように捉えられているかを批判的に検討することで、財政自治制度の本質を明らかにすることが可能となるのである。ただし、この点については別稿に委ねるものとしたい。

大学評価学会年報『現代社会と大学評価』 第20号（2025年）

謝辞：本研究は、JSPS科研費JP23KJ1131及び公益財団法人豊秋奨学会（2022
　　　年度海外渡航旅費助成）の助成を受けたものです。

【注】

（1）IMF（国際通貨基金）HPより参照（https://www.imf.org/en/Countries/DEU#countrydata、2024年9
　　月25日情報取得）。

（2）日本国外務省HP（https://www.mofa.go.jp/mofaj/area/germany/data.html#section2、2024年9月25日
　　情報取得）及びNRW州議会HP（https://www.landtag.nrw.de/home/der-landtag/geschichte-des-landtags/
　　ruckblick-auf-wahlperioden-1.html、2024年9月25日情報取得）より筆者作成。

（3）ドイツ連邦共和国外務省（2018）『ドイツの実情』、在デュッセルドルフ日本国総領事館（2018）「図で
　　見るノルトライン・ヴェストファーレン州経済」を参照。

（4）政党のイメージカラーから、SPDを赤、緑の党を緑、CDUを黒、自由民主党（FDP）を黄と呼ぶこと
　　が多い。

（5）NRW州議会HP（https://www.landtag.nrw.de/home/der-landtag/geschichte-des-landtags/ruckblick-auf-
　　wahlperioden-1.html、2024年9月25日情報取得）より筆者作成。

（6）1966年12月8日からSPD・FDP連立政権が開始された。

（7）金子（1997）にも財政自治の原則の分類が行われているが、NRW（1992）を元に再整理した。

（8）ドイツでは決まった在学年数で卒業するわけではなかったため、政策的に長期間在学する学生が高等教
　　育費負担の増加や高等教育の質の低下に繋がっているのではないかという議論が行われていた。

（9）NRW州文部科学省HP（https://www.mkw.nrw/hochschule-und-forschung/hochschulen/hochschulvereinbarung-
　　und-hochschulvertraege、2024年9月25日情報取得）を参照。

【参考文献】

日本語文献（50音順）

・金子勉（1995）「ドイツ高等教育財政と大学財務」『高等教育研究紀要』第15号、高等教育研究所、154-172頁。

・金子勉（1997）「ドイツの大学における組織改革と財政自治」有本章編『ポスト大衆化段階の大学組織変容
　に関する比較研究』広島大学大学教育研究センター、128-137頁。

・木戸裕・佐藤勝彦・寺倉憲一（2024）「高等教育のユニバーサル化と大学制度改革：ドイツの事例を通して」
　『ドイツ研究』第58号、日本ドイツ学会、85-101頁。

・葛谷彩（2023）「『ボン共和国』から『ベルリン共和国』へ」板橋拓己・妹尾哲志編『現代ドイツ政治外交史：
　占領期からメルケル政権まで』ミネルヴァ書房、241-267頁。

・竹中亨（2021）「ドイツにおける大学基盤交付金制度：基盤経費・アウトプット指標・業績協定」『大学評価・
　学位研究』第22号、大学改革支援・学位授与機構、19-39頁。

・竹中亨（2023）「ドイツの大学業績協定：高等教育での目標管理と大学統制」『大学改革・学位研究』第24号、
　大学改革支援・学位授与機構、45-63頁。

・竹中亨（2024）「ドイツにおける大学統治と資源配分:学内での算定式と業績協定を中心に」『大阪大学高等
　教育研究』第12号、大阪大学全学教育推進機構、1-20頁。

・中川洋一（2013）「2010年ドイツ・ノルトライン＝ヴェストファーレン州選挙の分析と連邦政治へのインプ
　リケーション」『立命館国際地域研究』第38号、立命館大学国際地域研究所、53-71頁。

・藤井基貴・栗島智明（2022）「ドイツにおける学問の自由の生成と制度化」羽田貴史・松田浩・宮田由紀夫
　編『学問の自由の国際比較：歴史・制度・課題』岩波書店、41-64頁。

・別府昭郎（1999）「ポスト大衆化時代におけるドイツの大学改革」有本章編『ポスト大衆化段階の大学組織

改革の国際比較研究』広島大学大学教育研究センター、61-71頁。
- 安井宏樹（2005）「ノルトライン-ヴェストファーレン州議会選挙とドイツ連邦議会の解散：予想された中道左派敗北と予期せぬ奇策」『生活経済政策』第104号、生活経済政策研究所、29-34頁。
- 横山岳紀（2022）「ドイツにおける大学財政自治の成立と展開：ノルトライン・ヴェストファーレン州に着目して」『教育論叢』第65号、名古屋大学大学院教育発達科学研究科教育科学専攻、1-14頁。
- 吉川裕美子（1999）「ドイツ高等教育の評価と財政への影響」『教育制度学研究』第6号、日本教育制度学会、125-128頁。

欧文文献（アルファベット順）

- Altbach, Philip G./Reisberg, Liz/Rumbley, Laura E., 2010, *Trends in Global Higher Education: Tracking an Academic Revolution*, Paris.
- CHE (Centrum für Hochschulentwicklung), 2005, „Einführung des Globalhaushalts in Nordrhein-Westfalen: Optimierung der Rahmenbedingungen", *Arbeitspapier*, Nr. 61.
- CHE (Centrum für Hochschulentwicklung), 2018, „Tatsächliche Hochschulautonomie: am Beispiel der finanziellen Steuerung der Hochschulen in Brandenburg und Nordrhein-Westfalen", *Arbeitspapier*, Nr. 206.
- Kischkel, Roland/Stich, Andreas/Böhm, Bettina, 2002, „Zehn Jahre Deregulierung: Nordrhein-westfälische Hochschulen auf dem Weg zu mehr Autonomie?", *Beiträge zur Hochschulforschung*, Heft 3, 24., S.88-105.
- Minssen, Heiner/Molsich, Beate/Wilkesmann, Uwe/Andersen, Uwe, 2003, *Kontextsteuerung von Hochschulen?: Folgen der indikatorisierten Mittelzuweisung*, Berlin.
- NRW (Ministerium für Wissenschaft und Forschung des Landes Nordrhein-Westfalen), 1990, *Hochschulpolitik NRW von 1990-1995: Arbeitsprogramm*, Düsseldorf.
- NRW (Ministerium für Wissenschaft und Forschung des Landes Nordrhein-Westfalen), 1992, *Der Modellversuch: Hochschule und Finanzautonomie*, Düsseldorf.
- NRW (Ministerium für Wissenschaft und Forschung des Landes Nordrhein-Westfalen), 1995a, *Finanzautonomie*, Düsseldorf.
- NRW (Ministerium für Wissenschaft und Forschung des Landes Nordrhein-Westfalen), 1995b, *Weniger Staat für die staatlichen Hochschulen: Bericht des Gesprächskreises „Funktionalreform"*, Düsseldorf.
- NRW (Ministerium für Kultur und Wissenschaft des Landes Nordrhein-Westfalen), 2019, *Hochschulgesetz*, Köln.
- NRW-Landtag (Landtag Nordrhein-Westfalen), 1990, „Ausschuß für Wissenschaft und Forschung 2. Sitzung", *Ausschußprotokoll*, 11/48, 06.09.1990.

大学評価学会年報『現代社会と大学評価』第20号（2025年）

University Deregulation and Fiscal Policy Development in Germany Focusing on The Fiscal Autonomy System of *Nordrhein-Westfalen*

YOKOYAMA, Takanori

Nagoya University

Keywords

University Fiscal Autonomy, University Reform, Nordrhein-Westfalia, University Act, Neoriberalism

Abstract

This paper identifies the development of university finance reforms in North Rhine-Westphalia, Germany, since the 1990s.

As the global economic situation worsened in the 1990s, budget cuts and competitive funding allocation systems were introduced in university policy. It was in this context that the German state of North Rhine-Westphalia implemented reforms that granted financial autonomy to universities. The three original principles of the fiscal autonomy system were to reduce budget line items, allow diversions, and increase own revenues. To these three principles, a system was added whereby the balance of the budget at the end of the fiscal year could be set aside for investment purposes, thus completing the system of fiscal autonomy. Although these reforms could be evaluated as so-called neoliberal reforms, North Rhine-Westphalia is characterized by the gradual progress made in the 2000s through discussions with universities. This paper summarizes the development of university finance reform in NRW as described above.

《論文》

1920-30年代アメリカにおける
現代的アクレディテーションの成立
―北中部協会におけるアクレディテーション「方針声明」の策定過程に着目して―

吉田翔太郎（山梨大学）

はじめに

　本研究の目的は、北中部協会（North Central Association of Colleges and Schools: NCA）におけるアクレディテーション「方針声明」（Statement of Policy）の策定過程を通して、1920-30年代アメリカにおける現代的アクレディテーションの成立過程を明らかにすることである。

　日本の認証評価制度は開始から20年が経過したが、そのモデルとなったアメリカの高等教育アクレディテーション制度には100年以上の歴史がある。その起源として、北中部の州を管轄するNCAが1913年に公表した認定カレッジリストだとされる（新堀1977: 48）。一方、NCAにおいては、当初定量的な基準が用いられていたが、批判を受けて1934年に改定され、大学の使命や目的に即した「質の評価」を行う現代的なものへと転換した（前田2003: 138;日永2015: 124;坂本2020: 68）。この改定は、すなわち「方針声明」の策定は、「現代のアクレディテーションの原点」とも解釈されている（前田2003: 150）。

　先行研究はNCAにおける現代的アクレディテーションの成立過程について、量的基準への批判とNCAの基準改定を指摘している。前者の具体例として、1920年代に基準に対する不満が高まったことが指摘されている（新堀1977: 49;前田2003: 138）。そこではシカゴ大学総長Harry P. Judsonが早く

も1921年に基準の硬直化を批判していたことや、アイオワ大学やシカゴ大学において基準の欠陥に関する研究が行われたことが言及されている。さらに、同時期にはミネソタ大学や全米州立大学協会（NASU）におけるアクレディテーション研究を通してアクレディテーション機関が批判されたほか（新堀1977: 62）、アメリカ教育協議会（ACE）理事長のSamuel P. Capenもアクレディテーション批判を展開していたと指摘されている（坂本2020: 68）。

　後者については、「中西部連盟（ママ）は1928年、現行基準の不適切さを率直に承認し、基準に関する広範な研究を自ら行うことになった」（新堀1977: 44）ことや、「協会は、1929年に基準改正のための委員会を設置し、1930年から4年の歳月をかけての大幅な基準改正に至った」（前田2003: 138）ことが指摘されている。

　しかし、アクレディテーション批判の背景、内容、批判者間の関係性、およびNCA内部での詳細な検討過程、すなわち「現代のアクレディテーションの原点」の形成過程は未解明である。そこで本研究では、北中部協会における「方針声明」の策定に向けた議論に着目することにより、1920-30年代アメリカにおける現代的アクレディテーションの成立過程を明らかにする。本研究では、アクレディテーションの本質的な目的や方向性を理解することを企図し、基準の具体的な内容やその運用面ではなく、基準改定の過程や、その過程でキーパーソンによって議論された「理念面」に着目する。基準の具体的な内容は前田（2003）が既に明らかにしており、運用面については資料上の制約から本稿での検討対象外とした。アメリカのアクレディテーション制度の発展過程を詳細に分析することで、日本の高等教育の質保証システムの歴史的発展と現代的意義を再考する機会を提供しうるものである。

　本研究では、NCA年次総会報告書と、NCAアクレディテーション基準改定時の調査報告書であるZook & Haggerty（1936）を主に使用する。前者については、通常毎年3月末に開催される年次総会の講演録や各種委員会の議事録が収録されていることから一次資料として利用しうるものである。資料から関連する記述を抽出して時系列でまとめ、会議録から評価基準改定に関

する発言を抽出した。

　はじめに、1920年代以前のNCA内外におけるアクレディテーション批判を概観し（Ⅰ）、次にNCAでの検討状況を、基準改定委員会の前後に分けて「方針声明」（Statement of Policy）の策定に向けた議論を詳述する（Ⅱ）。最後に得られた結果をまとめ、現代的アクレディテーションの成立過程に関する考察をくわえ、今後の課題を述べる。

Ⅰ. 1920年代以前のアクレディテーション批判

　本節では、NCA内外における1920年代以前のアクレディテーション批判を概観し、現代的アクレディテーションの成立に至る背景を探る。

1. NCA内部における批判

　アクレディテーションに対する批判はNCAがカレッジのアクレディテーションの検討を開始した当初から存在していた。

　1903年にNCAでカレッジのアクレディテーションが提言され、学士号取得要件検討委員会が設置されたが、1905年の報告では、カレッジの査察（inspection）として認定カレッジリストの作成に反対した（NCA 1905）。

　しかし、1906年にはカレッジのアクレディテーションが再提言され、中等学校アクレディテーション委員会が中等学校・カレッジアクレディテーション委員会へと名称変更された（NCA 1906）。1908年の年次総会では、イリノイ大学学長Edmund J. Jamesが制度の硬直化と進歩の妨げになるとデメリットを指摘した（NCA 1908）。一方、James自身はアクレディテーションを推進する立場であった。その後同委員会委員長のアイオワ大学学長George E. Macleanが14条からなる基準草案を提示し、長時間の議論が行われた（NCA 1908）。この議論の中で、イリノイカレッジ学長C. H. Rammelkampは「あまりにも多くの規制や仕様が挿入されているのではないか」と、詳細な基準に対する批判を展開した。しかし、1909年には修正基準案が異議無く採択され（NCA 1909）、1912年の一部改定を経て1913年に認定カレッジリストが公表された（NCA 1913）。

　一方、協会内では、アクレディテーション開始後も具体的な検証が継続さ

れた。NCA基準によると、認定機関は3年ごとに総合的な情報を提出することが求められていた。1915年の年次総会で報告された基準毎の実態調査の結果では、基準7「カレッジは、少なくとも8つのリベラルアーツ学科を有し」という規定に対し「ほとんど意味がない」とし、さらに授業での学生数を30人と制限した基準11を「この基準を一般的に適用することは不可能である」と評したほか、年間収入要件を満たしていなかったオハイオ州のアクロン大学の入会を認めたことから、年間収入要件を規定した基準6の修正も推奨していた（NCA 1915）。

　その後、特筆すべき事象として、ACEによる「原則と基準」（以下、「ACE基準」という。）の策定が挙げられる。第一次世界大戦中の1918年1月に設置された緊急教育協議会を基盤とするACEには、現在アメリカの高等教育機関の基準を定める団体の間で、手続きの統一を図るよう努力するという使命を負っていた。

　ACE基準の策定に向けて1921年5月に開催された大学及び中等学校の基準に関する全国会議委員会（NCCSCSS）との合同会議において、NCA加盟機関であるシカゴ大学総長Harry P. Judsonは「標準化運動の危険性」と題した講演を行った。その中でJudsonは「教育システムは常に流動的であるべき」とし、入学資格や在籍期間要件などの硬直的な規定を批判し、「どうすれば柔軟で、その時々の考えに対応し、いつでも変更できるようになるかということを、賢明にも考慮に入れてはどうか」と提案した（ACE 1921）。ACEカレッジ基準委員会委員長のヴァンダービルド大学学長James H. Kirklandは、「私たちは、組織生活における致命的な統一性を目指しているわけではない。それどころか、それはまったく望ましくないことだと私は考えている。」とし、「南部協会を引用するが、数字に走りすぎる傾向がある」と所属機関が加盟する地域別団体の基準を批判し「決して機械的なものであってはならない」と警鐘をならした。

　以上のように、ACE基準をめぐる議論の中でも、標準化や画一的な基準に対する批判的な見解が提示されていたが、1922年に策定されたACE基準は、NCAの基準をベースとした定量的基準が用いられ（ACE 1922）、さら

に1923年にはNCAもそれに沿って基準を改定するなど限界はあった（NCA1923）。

2．他団体によるアクレディテーション批判

定量的な基準がACE基準として示されたことも一因となり、諸大学団体で大学の基準を巡る議論が起こった。その主な担い手となったのがACE基準の検討に直接関与しなかったNASUであった。

1923年のNASUの年次総会で、ミネソタ大学学長のLotus. D. Coffmanが「外部機関による州立大学の標準化」という発表を行った。その中でCoffmanは、ある州立大学（おそらくは1920年に学長に就任したばかりの自身の経験）が州議会や様々な機関からの規制に縛られる様子を皮肉に描写して、標準化を痛烈に批判した（NASU 1923）。そして1924年のNASUの年次総会において、Coffmanの前年の講演と同様の批判として、定量的な基準が大学の自主性を制限していることが指摘された。これらを踏まえ、NASUはアクレディテーション機関の調査を開始した（NASU 1924）。

1925年にはミネソタ大学学部長のFrederick J. Kellyによる調査として27の標準化機関の活動をまとめた詳細な報告書が提出された（NASU 1925）。さらに、Kellyは1927年に発表した論文で、ACE基準を具体例に挙げてその内容を批判した（Capen 1928）。

Kellyの主張に対し、バッファロー大学学長となっていたCapenは1928年に発表した論文で、「この論文は非常に軽率な告白である」としつつも、「私は彼に同意する。私は彼よりもさらに踏み込んでいると思う。私は、標準化運動全体を、その現在の形態と範囲において脅威とみなしている。このままでは、アメリカ教育の最も貴重で特徴的な質を完全に破壊してしまうだろう。」と同調した（Capen 1928）。ACE基準策定を主導したCapenは、バッファロー大学での経験から標準化への危機感を抱くようになっていたのである。この方針転換により、後述するようにNCAでの基準改定の動きが加速することになる。

Ⅱ．NCAにおける現代的アクレディテーションの検討

　本節では、NCAにおける基準改定過程をたどり、現代的アクレディテーションの成立の過程の詳細を明らかにする

1．基準改定委員会設置の経緯

　前章でみたNASUでの批判を受けて、NCAは基準の見直しやその弾力的な運用など、様々な対応を模索していた。

　1925-26年、高等教育機関委員会幹事を務めていたオハイオ州マイアミ大学学長Raymond M. Hughesの下で、教授陣スカラーシップ委員会が設置された。この委員会は、教授陣のスカラーシップに関する3年毎の報告書様式の修正を検討する役割を担っていた（NCA 1925）。委員会は翌年に、空票に係る教授陣に係るデータ提供に際しての注意点がとりまとめ、Hughesは「現在の基準では、カレッジを公正に検査し、満足させることは非常に困難である」と結論づけカレッジの基準の改訂を試みるよう指示することを提案した（NCA 1926）。その後すぐに基準改定は行われなかったが、代わりに基準の弾力的な運用という形で改善が図られた（Zook 1933）。それは、現在の基準の1つまたは複数に明確な欠陥があることが判明している教育機関であっても、認定の対象とするなどの措置であった。

　1927年、高等教育機関委員会幹事に元高等教育専門官でアクロン大学学長のGeorge F. Zookが就任した（NCA 1927）。Zookは後に設置されることになる基準改定委員会の事務局を担い、1933年には連邦教育局長を務めた後、1934年からACE理事長となる重要人物であった。Zookは、「私たちの活動を評価するための新しい、より優れた基準を作り上げ、確立することに向けて、継続的に取り組んでいかなければならない」と主張した。そして、昨年決定された教授陣に係る空票の修正を不十分と批判し、現在の基準を修正する、あるいは基準の解釈を提案することを念頭に置いて、特別な研究を行うべきと提案した。

　さらに1928年には、シカゴ大学教育学教授Charles H. Juddも現行基準の見直しを支持した（NCA 1928）。JuddはNCAがカレッジのアクレディテーション開始時の中等学校・カレッジアクレディテーション委員会委員であり、

その発言は大きな影響力を持っていた。先にみたCapenの方針転換もこの年のことである。一方、基準改定委員会の設置は承認されたが、先行する調査結果を待つため実際の任命は延期された。

そして、1929年の年次総会では、Zookから、認定機関の3年毎の報告書として、特に、以前から教授陣スカラーシップについては「基準をある程度修正するか、基準に近づけるよう圧力を強めるべき」と明言された（NCA 1929）。そして、「教育機関の生産物だけでなく、その教育機関そのものも測定できる基準の策定を、できるだけ早い時期に検討する必要性を強調」した。以後、基準改定委員会の設置に向けて大きく動き出すこととなる。

２．基準改定委員会の活動

基準改定委員会の活動ついて、委員会構成員及び委員会での検討過程を明らかにする。1929年7月には、NCAの活動に積極的な少人数のグループがシカゴで会合を開き、基準プロジェクトを進める最善の方法について暫定的な話し合いが行われ、9月に基準改定委員会が任命された（表1）。

表1．基準改定委員会委員

氏名	所属・役職
L. D. Coffman	ミネソタ大学学長
Samuel P. Capen	バッファロー大学学長
W. W. Charters	オハイオ州立大学教授
Donald J. Cowling	カールトンカレッジ学長
A. C. Fox	ジョン・キャロル大学元学長
H. M. Cage	コーカレッジ学長
Charles H. Judd	シカゴ大学教授
O. R. Latham	アイオワ州立ティーチャーズカレッジ学長
W. P. Morgan	西イリノイ州立ティーチャーズカレッジ学部長
Elis. B. Stoufer	カンザス大学学長
Henry Suzzallo	カーネギー教育振興財団理事長
Ernest H. Wilkins	オーバリンカレッジ学長
James M. Wood	スティーブンスカレッジ学長
George F. Zook	アクロン大学学長

Zook&Haggarty（1936）に基づき筆者作成

委員会には、NASUでアクレディテーション批判を展開したCoffman、NCA高等教育機関委員会幹事のZook、バッファロー大学（NCA管轄外）学長のCapen、カーネギー教育振興財団のSuzzalloなど、全国的な影響力を持つ人物が参画するなど、ナショナルな性格を帯びた委員会であった。

基準改定委員会設置後は、具体的な検討が進められていく（Zook & Haggerty 1936）。その過程を主に時系列順に整理する（表2）。

表2．基準改定委員会の検討過程

年	事項
1930年	基準改定員会設置承認
1930年	基準改定委員会発足、委員会による検討開始 Coffmanを基準改定委員長に、Zookを委員会事務局に指名
1931年	GEBからの研究資金獲得
1932年	各機関への訪問調査
1933年	特別調査委員会報告：新基準と手法承認、研究期間を5年から3年に短縮発表、「方針声明」と「手続きマニュアル」の詳細検討、「パターンマップ」考案
1934年	年次総会：基準改定委員会報告書承認、「方針声明」採択、「手続きマニュアル」刊行

Zook&Haggarty（1936）及びNCA（1930-1933）に基づき筆者作成

基準改定のキーパーソンは、1920年代初頭からアクレディテーション批判を展開していたCoffman、そして研究担当委員会委員として実際の調査研究を進めたZookとHaggerty、そしてReevesであった。基準の見直し過程では、様々な教育機関への訪問調査の実施、「方針声明」の解説と新手順の手引きとしての「手続きマニュアル」の作成、各機関のパーセンタイルの位置との相対関係で示すパターンマップ手法の考案が特徴として挙げられる。また、1931年からのGEB資金の獲得や、NCA管轄外の州所在の機関関係者からも協力が得られるなど、ナショナルな関心を集めながら検討が進められた。

3．基準改定の理念

各基準の具体的な規定は前田（2003）にゆずり、ここではアクレディテー

ションの本質的な目的や方向性を理解することを企図し、基準改定の理念を、キーパーソンであるCoffman、Zook、Haggertyによる基準改定時に執筆された論稿から明らかにする。

(1) Lotus D. Coffman

はじめに1920年代初頭にアクレディテーション批判を展開したミネソタ大学学長Coffmanである。Coffmanは、1905年にインディアナ大学で学士号、1910年に修士号を取得し、1911年にコロンビア大学で博士号を取得した。1912年から1915年までコロンビア大学の教育学教授を務め、1915年からミネソタ大学教育学部長、1920年に学長に就任した[1]。

Coffmanは、「やや形式的で融通の利かないタイプの基準を設け、すべての教育機関がこの基準に従うよう義務づけるべきだという意見」がNCAを支配してきたと、そしてNCAに対する批判の背景に当時の恐慌の影響を批判的に総括した（NCA 1934）。一方で現行基準にも「地元の学校当局が学校の施設や設備を充実させるのに役立ち、この地域の教育レベルを数え切れないほど高めてきた。」と一定の評価は見せつつも、「自治権の侵害」であるとして批判を展開した。そして委員会の結論として次の5つの原則を掲げた。

①基準は固定されたものと考えるべきではなく、生き生きと発展しているものに言及するものである。

②基準とは、帰納的なものであるべきであり、そこから導かれるものであってはならない。

③NCAは、審査員というよりも、むしろ創造者であるべきである。

④NCA基準は方針を示すものであるべきで、計画の枠組みや骨格を示すものであってはならない。

⑤NCA基準は、学校が改善され、妥当な条件を満たしているかどうかを知ることができるようなものでなければならない。

(2) George F. Zook

次にアクロン大学学長Zookである。Zookは1906年にカンザス大学で学士号、1907年に修士号を取得し、1914年にコーネル大学で博士号を取得した。1909年から20年までペンシルバニア州立大学で西洋史を教え、1920年以降

Capenの後任として1925年まで連邦教育局高等教育専門官を務めた[2]。

理念面を提示したCoffmanとは異なり、高等教育機関委員会事務局としてアクレディテーションの運用に携わっていたZookはより具体的な運用面での意見を表明している。

Zookは従来の基準が運用されてきた背景を「カレッジの学長を含め、人間の心が常に抽象的な性質を具体的な言葉で表現しようと試みるから」と考察し、「私たちは、教授陣や議会において、特定の状況をその長所に基づいて検討する必要性をなくすような具体的な規則を可決することによって、すべての問題を解決しようとする無益な仕事に永遠に従事している」と批判した（NCA1933）。そして最新かつ科学的な教育機関の評価方法を、NCAは活用していないことから「高等教育機関のアクレディテーションの手続きは、抜本的に見直すべきである」と主張し、見直しにあたって教育機関に関する正確で包括適な情報が必要であり、将来、NCAが、アクレディテーションと教育機関を刺激する機能を持つことになると主張した。

（3）Melvin E. Haggerty

最後にミネソタ大学のHaggertyである。Haggertyは、Zookは1902年にインディアナ大学で学士号、1907年に修士号を取得し、1909年にハーバード大学で修士号、1910年に博士号を取得した。1915年にミネソタ大学教授として、1920年以降Coffmanの後任として教育学部長を務めた[3]。

教育心理学者のHaggertyには、基準改定にあたって、教育機関をよりよく測定する方法の考案という理念が根底にあった。まず、「教育機関に平凡なレベルでの画一性を生み出すことを避けなければならず」、「各教育機関の基本的かつ本質的な個性を維持するようなアクレディテーション手続を考案しなければならない」という見解を示した（NCA 1932）。また、新計画の精神にも方法にもそぐわないことから「このプログラムを検討する第一歩として、基準という言葉を捨てることが望ましい」とし、従来の基準について、「教授陣の養成基準でさえも、これらだけでは、いや、これらすべてを合わせても、その教育機関が青少年教育のための優れた場所であることを保証するものは一つもない」と断言した。そして、基準改定委員会が考案した方法

が、「現在の方法が持つある種の悪質な影響から教育機関を守り、教育機関に卓越性を与える要因についての考え方を広げ、受け入れ可能性の最低条件から、より高い価値の質的基準へと注意を移し、非行や欠陥のある教育機関に行使される警察機能を検討の中心から逸らし、協会をすべての会員にとって刺激的な存在にする」という方向性を示した（NCA 1934）。

(4)「方針声明」における理念

策定された「方針声明」の理念部分は、先にみた3名の考えが結集した内容となっていた。以下引用のように、従来批判されていたような画一的な基準による評価ではなく、教育機関毎の目標に照らして教育機関を評価するという基本原則が明言されている（NCA 1934）。

　「この方針声明は、高等教育機関のアクレディテーションを行う際の一定の原則を定めるものである。」

　「この方針声明は、マニュアルによって補足されており、このマニュアルには、ここで述べられている内容の詳細や、ここで述べられている方針を実行するための詳細な指示が記載されている。」

　「アクレディテーションは、高等教育機関としての総合的なパターンに基づいて判断される。教育機関は、本方針声明に記されている各特徴の観点から判断されるが、達成された卓越性の程度には大きなばらつきがあることが認識されている。ある特性において優れていれば、他の点での不足をある程度補っているとみなされることは、手続きの原則として認められている。教育機関の施設や活動は、その教育機関が奉仕しようとする目的の観点から判断される。」

おわりに

本研究の目的は、NCAにおけるアクレディテーション「方針声明」の策定過程を通して、1920-30年代アメリカにおける現代的アクレディテーションの成立過程を明らかにすることであった。「現代のアクレディテーションの原点」の検討過程は以下のとおり整理できよう。

1934年のNCA基準改定は、1920年代初頭に起こった定量的基準への批判を受けたものだったが、先行研究で指摘されていたように、外からの圧力を受けて1930年代にNCAが基準改定を行ったというだけでなく、HughesやZookといった諸大学団体に参加していた人物によって、現行基準を批判的にとらえ、改定提案や弾力的な運用を検討しはじめていたことにあった。そして第一の批判者であるCoffman自身が基準改定委員会委員長として同ミネソタ大学のHaggertyが実質的な調査研究をリードするなど、アクレディテーションの批判者と実施者との境界線は明確ではなかった。さらに、NCAの基準改定過程では、GEBから資金提供があったほか、本稿では詳述できなかったが、ACEやアメリカカレッジ協会（AAC）、アメリカ大学教授職協会（AAUP）など主要大学団体との協力関係も得られていた。1920年代初頭にACE基準が策定されたことを考えるならば、今回はNCAにおいてナショナルな動きが起こっていた。

　つまり、「アメリカにおける現代的アクレディテーションの成立」は、1900年代の主要大学団体による標準化の模索、連絡教育局によりカレッジリスト作成の失敗、NCAによる先行実施、そしてACEによる全米統一基準の策定を経験したことによって、1934年のNCA基準改定が達成できたことにより成し遂げられたともいえる。NCAは他律的に基準改定に向き合ったのではなく、現在と将来の教育の有用性を測る基準を求めてむしろリーダーシップを発揮していた。

　本研究で明らかになった1920-30年代のアクレディテーション改革の過程は、現代の大学評価においても、画一的な基準設定の危険性と、各教育機関の目的や特性を尊重した評価の重要性を示唆しており、外部からの圧力のみならず組織内部における継続的な改善の取組みが、後の基準改正の基盤となっていたということは、現代の大学評価制度の設計や改善において検討すべき観点を提示している。

　最後に今後の課題を二点挙げる。まず、基準の具体例な解釈や、実際のアクレディテーション手続きの詳細を把握することである。「方針声明」と共に策定された「手続きマニュアル」については扱えていない。具体的なマニ

ュアルにはどのようなことが規定されたのかを解明する余地がある。そして、現代に至るNCAにおける手続きとの接続を検討することである。「方針声明」は量的基準が撤廃されたが、アクレディテーション手続きでは量的情報を依然として重視していた。1950年代には再度アクレディテーションのプロセスが再度見直され、それ以降、より現代的なアクレディテーションに近接していくことになる[4]。その過程を明らかにすることで「現代的アクレディテーションの成立」過程がより明確になるだろう。

【注】

（1）University of Minnesota"Biographical Sketch of Lotus Delta Coffman 1875-1938" <https://babel.hathitrust.org/cgi/pt?id=hvd.32044102878873>（最終閲覧日：2024年6月27日）

（2）Himstead, Ralph E."George Frederick Zook, April 22, 1885-August 17, 1951. College Teacher and Educational Administrator"*Bulletin of the American Association of University Professors*, Vol. 37, No. 3, 1951, pp. 423-426. <https://www.jstor.org/stable/40220828>（最終閲覧日：2024年6月27日）

（3）National Museum of American History"Psychological Test, Haggarty Reading Examination Sigma1" <https://americanhistory.si.edu/collections/nmah_692320>（最終閲覧日：2024年6月27日）

（4）アクレディテーションに係る文書はその後、1958年、1975年、1981年、1992年、1997年、2003年、2012年と10-20年間隔で変遷したが、現在も機関の使命や目的に即して評価する基本原則は変わらず、1934年の「方針声明」策定が現代のアクレディテーションの「原点」となっている一端が窺える。

【参考文献】

・American Council on Education *The Educational Record*. Vol.2, 1921, pp.114-122. <https://babel.hathitrust.org/cgi/pt?id=hvd.32044102878873>（最終閲覧日：2024年6月20日）

・American Council on Education *The Educational Record*. Vol.3, 1922, pp.210-214. <https://babel.hathitrust.org/cgi/pt?id=hvd.32044102878881>（最終閲覧日：2024年6月20日）

・American Council on Education *The Educational Record*. Vol.16, 1932, pp.321-330. <https://archive.org/details/dli.ernet.4527>（最終閲覧日：2024年6月20日）

・Capen, Samuel P. *The influence of standardizing agencies in education, by Dr. F. J. Kelly, discussion by Chancellor Samuel P. Capen*. 1928, p.11, 28.<https://hdl.handle.net/2027/uc1.$b313003>（最終閲覧日：2024年6月20日）

・日永龍彦「戦後大学改革に影響を与えた米国のアクレディテーションの実態―1940年前後の動向に焦点をあてて―」『現代社会と大学評価』2015、第11号、121-141頁。

・前田早苗『アメリカの大学基準成立史研究「アクレディテーション」の原点と展開』2003、東信堂

・National Association of State Universities *Transactions and Proceedings of the National Association of State Universities in the United States of America* Vol.21, 1923, pp.66-81. <https://hdl.handle.net/2027/osu.32435052580941>（最終閲覧日：2024年6月20日）

・National Association of State Universities *Transactions and Proceedings of the National Association of State Universities in the United States of America* Vol.22, 1924, p.107. <https://hdl.handle.net/2027/osu.32435052580990>（最終閲覧日：2024年6月20日）

大学評価学会年報『現代社会と大学評価』 第20号（2025年）

- National Association of State Universities *Transactions and Proceedings of the National Association of State Universities in the United States of America* Vol.23, 1925, pp.27-42. <https://hdl.handle.net/2027/osu.32435052581006>（最終閲覧日：2024年6月27日）
- North Central Association of Colleges and Secondary Schools *Proceedings of the tenth meeting of the North Central Association of Colleges and Secondary Schools.* 1905, pp.33-51. <https://hdl.handle.net/2027/umn.319510008423221>（最終閲覧日：2024年6月20日）
- North Central Association of Colleges and Secondary Schools *Proceedings of the eleventh annual meeting of the North Central Association of Colleges and Secondary Schools.* 1906, pp.3-25. <https://hdl.handle.net/2027/mdp.39015055250495>（最終閲覧日：2024年6月20日）
- North Central Association of Colleges and Secondary Schools *Proceedings of the thirteenth annual meeting of the North Central Association of Colleges and Secondary Schools.* 1908, pp.3-28, 83-114. <https://hdl.handle.net/2027/mdp.39015055250495>（最終閲覧日：2024年6月20日）
- North Central Association of Colleges and Secondary Schools *Proceedings of the fourteenth annual meeting of the North Central Association of Colleges and Secondary Schools.* 1909, pp.50-58. <https://hdl.handle.net/2027/njp.32101076427275>（最終閲覧日：2024年6月20日）
- North Central Association of Colleges and Secondary Schools *Proceedings of the seventeenth annual meeting of the North Central Association of Colleges and Secondary Schools.* 1913, pp.61-65. <https://hdl.handle.net/2027/uc1.b3542919>（最終閲覧日：2024年6月20日）
- North Central Association of Colleges and Secondary Schools *Proceedings of the twentieth annual meeting of the North Central Association of Colleges and Secondary Schools.* 1915, pp.45-58. <https://hdl.handle.net/2027/uc1.b3103524>（最終閲覧日：2024年6月20日）
- North Central Association of Colleges and Secondary Schools 1923. *Proceedings of the twenty-eighth annual meeting of the North Central Association of Colleges and Secondary Schools.* pp.10-12. <https://hdl.handle.net/2027/uiug.30112106998955>（最終閲覧日：2024年6月20日）
- North Central Association of Colleges and Secondary Schools *Proceedings of the twenty-ninth annual meeting of the North Central Association of Colleges and Secondary Schools Part II.* 1924, pp.13-14, 36-43. <https://hdl.handle.net/2027/uiug.30112108124725>（最終閲覧日：2024年6月20日）
- North Central Association of Colleges and Secondary Schools *Proceedings of the thirtieth annual meeting of the North Central Association of Colleges and Secondary Schools Part I.* 1925, pp.12-13, 23-25. <https://hdl.handle.net/2027/uiug.30112078705032>（最終閲覧日：2024年6月20日）
- North Central Association of Colleges and Secondary Schools *The North Central Association Quarterly.* Vol.1, Iss.1, 1926, pp.14-38. <https://hdl.handle.net/2027/uc1.b3096389>（最終閲覧日：2024年6月20日）
- North Central Association of Colleges and Secondary Schools *The North Central Association Quarterly.* Vol.2 Iss.1, 1927, pp.14-38, 108-123. <https://hdl.handle.net/2027/uc1.b3096389>（最終閲覧日：2024年6月20日）
- North Central Association of Colleges and Secondary Schools *The North Central Association Quarterly.* Vol.3, Iss.2, 1928, pp.165-166, 172-179. <https://archive.org/details/sim_nca-quarterly_1928-09_3_2>（最終閲覧日：2024年6月20日）
- North Central Association of Colleges and Secondary Schools *The North Central Association Quarterly.* Vol.3, Iss.4, 1929, pp.468-536. <https://archive.org/details/sim_nca-quarterly_1929-03_3_4>（最終閲覧日：2024年6月20日）
- North Central Association of Colleges and Secondary Schools *The North Central Association Quarterly.* Vol.4, Iss.2, 1929, pp.213-229. <https://archive.org/details/sim_nca-quarterly_1929-09_4_2>（最終閲覧日：2024年6月20日）

- North Central Association of Colleges and Secondary Schools *The North Central Association Quarterly*. Vol.5, Iss.1, 1930, pp.56-60. <https://archive.org/details/sim_nca-quarterly_1930-06_5_1>（最終閲覧日：2024年6月20日）
- North Central Association of Colleges and Secondary Schools *The North Central Association Quarterly*. Vol.6, Iss.1, 1931, p.31. <https://archive.org/details/sim_nca-quarterly_1931-06_6_1>（最終閲覧日：2024年6月20日）
- North Central Association of Colleges and Secondary Schools *The North Central Association Quarterly*. Vol.7, Iss.2, 1932, pp.195-199. <https://archive.org/details/sim_nca-quarterly_1932-09_7_2>（最終閲覧日：2024年6月20日）
- North Central Association of Colleges and Secondary Schools *The North Central Association Quarterly*. Vol.8, Iss.2, 1933, pp.270-277. <https://archive.org/details/sim_nca-quarterly_1933-09_8_2>（最終閲覧日：2024年6月20日）
- North Central Association of Colleges and Secondary Schools *The North Central Association Quarterly*. Vol.8, Iss.4, 1934, pp.419-424. <https://archive.org/details/sim_nca-quarterly_1934-04_8_4>（最終閲覧日：2024年6月20日）
- 坂本辰朗「第2章　大学の認証評価はどのように定義されていったのか」『アメリカ大学史における女性大学教員支援政策』2020、東信堂、77-112頁。
- 新堀通也「第2章アクレディテーションとアメリカの高等教育」天城勲・慶伊富長編『大学設置基準の研究』1977、東京大学出版会、35-75頁。
- Zook, George F., Haggerty, M. E. *The Evaluation of Higher Institutions: I. Principles of Accrediting Higher Institutions*. 1936, Chicago: University of Chicago Press, pp. 78-112.

The Emergence of Modern Accreditation in 1920s-1930s U.S.

: Focusing on the Discussions towards the "Statement of Policy" at the North Central Association

YOSHIDA, Shotaro

University of Yamanashi

Keywords

history of the higher education in the U.S., college accreditation, higher education association

Abstract

This study aims to clarify the process of establishing modern accreditation in 1920s-1930s U.S. by examining the discussions at the North Central Association (NCA) towards formulating the "Statement of Policy" for accreditation.

In Japan, the accreditation system based on the School Education Act has been in place for 20 years, modeled after the American system initiated over a century ago by regional accrediting bodies. The publication of the accredited college list by the NCA, which oversaw the north-central states, in 1913 is regarded as the origin. Meanwhile, it has been pointed out that the NCA initially employed quantitative standards but later revised them in 1934 due to criticism, transitioning to a contemporary approach emphasizing the "evaluation of quality" based on each college's mission and objectives.

Previous studies have indicated the criticism towards the quantitative standards and the subsequent review of standards by the NCA. However, the background behind the criticism, its specific content, the relationship among critics, and the details of the discussion process within the NCA have not been clarified. Thus, this study focuses on the discussions towards formulating the NCA's "Statement of Policy" to illuminate the establishment of modern accreditation in 1920s-1930s U.S.

Using primary sources such as the survey report at the time of the 1934 NCA standards revision and the proceedings of the NCA annual meetings, this study first overviewed the criticism of accreditation within and outside the NCA before the 1920s. It then detailed the discussions towards formulating the "Statement of Policy," dividing them into before and after the establishment of committee on Revision of Standards. Finally, the results are summarized, and considerations regarding the establishment process of modern accreditation are added, along with future challenges.

The analysis revealed that while external pressures existed, the criticism of current standards and proposals for revision and flexible application had already begun within the NCA by individuals involved in higher education associations. Critics like Lotus D. Coffman and practitioners like George F. Zook worked closely on the standards revision committee. Furthermore, national organizations beyond the regional scope of the NCA, such as the American Council on Education and the Carnegie Foundation for the Advancement of Teaching, also cooperated in the process.

The emergence of "modern accreditation" in America can be seen as an achievement built upon the earlier pursuit of standardization by major higher education associations, the failure of the accredited college list by the federal Bureau of Education, the pioneering implementation by the NCA, and the formulation of the nationwide unified standards by the American Council on Education. By striving to find standards that could measure the usefulness of present and future education, the NCA took a leadership role in establishing modern accreditation rather than passively responding to external pressures.

《研究ノート》

韓国大学職員の人事評価制度の現状と課題

宮澤文玄（学校法人学習院）

深野政之（大阪公立大学）

はじめに

　科学研究費補助金・基盤研究（C）「大学職員の内発性に基づく役割モデルの再構築に向けた国際比較研究」（研究代表者・深野）の調査（以下、科研費調査）において、2019年と2023年に韓国の数大学に訪問調査を行った。本稿は、この科研費調査によりこれまで日本では明らかにされてこなかった韓国大学職員の人事評価制度の現状と課題を報告するものである。

　2019年の訪問調査（ソウル地区）は、本学会第18回全国大会（2020年3月）にて課題研究として報告したが、2019年は大学行政管理学会関東地区研究会との合同調査であり、調査対象が国際教育部門の職員に偏った点に限界があった。そこで2023年（釜山地区）は調査票の作成から本来の研究目的の根幹となる人事制度を中心に、これを直接担当する人事部門長を対象にヒアリングを行うよう調査大学を選定した。

　これによって、従来までの日本の高等教育研究、とりわけ大学職員研究では明らかにされてこなかった韓国大学職員の採用、昇進、人事評価等制度の現状を直接現地で聴きとるとともにその課題を検討した。本稿は、大学のオフィスを訪問して現場で働く職員との対話の中で参与観察を通し得た知見等を踏まえた調査報告として研究ノートにまとめ、将来の論考に展開することを目指す。また、本研究の最終目的である日本の大学職員の内発性に基づく新たな役割モデルの構築に向け、韓国大学の人事評価制度に焦点を当て、多

面的に概観することで日本の大学職員組織に対し有用な示唆を得ることを目指した。

Ⅰ. 本研究の背景

　高等教育のユニバーサル化による学生の変化と学習重視の教育環境への転換は、大学にその在り方の変革を迫ると同時に、その構成員である職員の在り方にも大きな変貌をもたらすものであり、大学職員論という新たな研究領域の形成にも繋がった。しかし大学団体での会合や個別大学内の研修等で語られる経験的大学職員論や、職員を中心に構成される大学行政管理学会等での事例報告を中心とした実践的研究と、研究としての大学職員論との間には大きな乖離があることも指摘される（羽田, 2013）等、未だ萌芽的段階にある。

　2014年の学校教育法改正は学長と教授会の権限配分の変更というガバナンスの変化をもたらしたが、教授会組織とは別に、依然として教育研究に関連するマネジメントの担い手である教員と職員の位置づけについては必ずしも明らかにしていない。

　そこで、日本における大学職員論の展開方向を探るためには、これまで参照されることの多かった欧米諸国だけでなく、近似性を有する東アジア地域の動向に目を向けることが必要である。特に、欧米諸国とは異なる労働市場を有する韓国との比較研究の中で、役割モデルに注目することによって隣国人事制度の特徴を抽出し、構造的な差異と共通の課題を見出すことに本研究着手の背景がある。また、八代（2011）が述べるように、「学問体系の中心にあるのが理論と実態であるとすれば、それを貫く横軸は歴史であり、縦軸が国際比較である」という点に鑑みれば、従来の大学職員研究には欠如していた国際比較及び調査に基づく検証が必要であると考える。

Ⅱ. 研究の目的と調査・分析方法

　本研究の目的は、韓国大学職員の人事評価制度の現状と課題を、個人や組織の属性や認識より明らかにすることである。経済的な「報酬」による動機づけ（外発的動機）に対して警鐘を鳴らしたDeci and Ryan（1985）の内発

的動機づけ理論（認知的評価理論）から、佐藤（2011）は「職務の有意味感や楽しみ、満足感等といった内的な有効性に伴う意欲を引き出す動機づけ（motivation）となる誘因（incentive）の開発と提供が求められる」ことを述べている。これらの先行研究を踏まえ、職員の働き方を適正に評価し意欲を引き出すことにより「内発的動機付け」を促すための一つの方法となるのが人事評価制度であるという点を本稿における定義とする。そして日本の先行研究では取り上げられなかった韓国大学職員の人事評価制度に焦点を当て、国際的視座の観点から日本の大学職員の新たな役割モデルの再構築に向けて示唆を得ることを目的とするものである。

　これまでの大学事務組織研究には、羽田（2010）が述べるよう「経験を土台に語られ（中略）、実証的・理論的研究がまだ不十分」であるという指摘がある。本稿では実地調査で得た韓国大学の人事制度改革を通じ、日本の大学にも応用可能な示唆を得られるように調査を行った結果を報告する。

　そこで、この研究目的を達成するため、下記のリサーチ・クエスチョン（以下、RQ）を設定する。

　　RQ1：韓国大学職員の人事評価制度はどのように運用されているか。
　　RQ2：韓国大学職員は人事評価制度に対しどのように考えているか。
　　RQ3：韓国大学の人事評価制度は、日本の同様の制度と比較してどのような点で差異があるのか。

Ⅲ．先行研究の批判的検討

　経営学の領域における人事制度とは、人事管理を行うための基準や運営の仕組み自体を示すものである。経営組織論の観点から、桑田・田尾（1998）は「人事管理は経営の支柱になるべきである。そのためにさまざまの人事制度を整備する」と定義している。これは営利・非営利組織ともに共通するものとしているが、大学事務組織における人事制度までは言及していない。

　また、韓国の大学職員の人事制度に焦点をあてた先行研究としては、宮澤（2009,2015）により、職能開発や職員の専門性に関する調査研究が行われているが、評価制度そのものまでは含んでいない。

以上のことから、羽田（2019）の「日本の高等教育研究では、組織論（Organization Theory）や経営学等組織に関する研究の摂取が不十分である」との指摘に対応するためにも、大学職員の人事組織研究の発展に繋げる将来的な論考に向け本研究の展開を目指すこととした。

Ⅳ．調査の概要

　まず、今回訪問調査を行った韓国の大学は、表1のとおり釜山外国語大学校、東明大学校、東義大学校（以下、釜山外大、東明大、東義大）である。いずれも学生規模は1万人から2万人規模の釜山地域では著名な私立大学を選定した。

表1．訪問調査を行った大学の概要

大学名	創立年	学部数	学生数	教員数	職員数
釜山外大	1981年	6学部	10,261名	548名	190名
東明大	1979年	10学部	10,619名	276名	108名
東義大	1979年	10学部	20,322名	564名	256名

出所：各大学のWebサイト

　これら3大学の人事担当部門に対して事前調査票を送り、当日に回答を求め、科研費メンバー4名と大学行政管理学会の調査チーム4名に通訳者3名を加えた計11名が今回の調査訪問団の構成員として、実地における質疑応答も含めたインタビュー調査を行った。事前質問として依頼した調査項目は、「A．各大学の人事部署回答の調査」と「B．個別職員への調査」（表2）である。なお、調査票作成にあたって、両国の大学職員における位置づけや言語の相違による言葉の定義に齟齬がないよう事前に「日本の大学職員の特徴」等を示す資料も送付し当日の調査に臨んだ。

表2．訪問調査における事前質問事項

A．各大学の人事部署への調査項目	B．個別職員への調査項目
1. 職員数の内訳	1. この大学での勤務年数
2. 職員の男女比	2. 前職の業種・職種と経験年数
3. 事務部門の管理職の内訳	3. 職業資格や学位の有無と概要
4. 事務管理職の任期	4. 人事異動の有無と経験年数。
5. 事務管理職が教員か否か	5. 現在の所属長は教員か職員か
6. 配属部門を明示・限定した採用と、人事異動を前提しているかの有無	6. 将来的に希望する職位や職種
7. 配属部門を明示・限定して採用する場合の人事異動の有無	7. 業務研修の有無と受講経験
	8. 教員との職務上の接点
8. 人事評価制度の有無と評価基準等の概要	9. 任期付職員や派遣職員との関係
9. 目標管理制度の有無	10. 大学職員に求められる能力
10. 人事評価結果の反映	11. 大学職員の待遇や社会的位置付
11. 人事部等が提示する職員のキャリアや能力を開発するための中・長期的な計画は示されているか	12. 人事評価結果の納得度
	13. 現在の処遇に対する納得度
	14. 公平・公正・納得のいく評価にするための考え方

Ⅴ．分析と考察

1．各大学の人事部署への調査回答の概要

前章の調査項目のうち、人事評価に関連する3大学の回答を概観する。

まず、各大学の人事部署への調査項目A票として、人事担当部門長に回答を求めた。属性情報の1～5を除いた回答は以下、表3のとおりである。

2．調査回答からの分析と考察

(1) 専門職の採用と人事異動

以上の調査結果として、「6.配属部門を明示・限定した採用と、人事異動を前提しているか」と「7.配属部門を明示・限定して採用する場合、人事異動」の有無は、いずれも配属部門を明示・限定した採用や専門職による採用は存在するが、一部の例外を除き基本的に事務職員は人事異動があるということが分かった。これは3大学における事例ではあるが、宮澤・朴（2015）が行った韓国大学職員のキャリア開発に関する調査において、合計42大学からの回答を得た際にも「あなたの大学では人事異動がありますか」の問いに対して、「はい41（97.6％）、いいえ1（2.4％）」という結果であった。この先行研究の結果も併せれば、一部の技能・技術職を除き日本と同様に専門職化はそれほど進んでいないと判断できる。実際に、韓国の大学職員として21年間の勤務経験があり教育学博士の学位を取得したLee（2017）は、私立

表3．各大学の人事部署への調査回答項目

	釜山外大	東明大	東義大
回答者職名	総務チーム長、他職員 2 名	人事総務チーム長、他教職員 3 名（事務局長、Doing 学部長）	総務チーム長、他職員 2 名（最初の挨拶時のみ副総長も同席）
6. 配属部門を明示・限定した採用と人事異動を前提としているか否かの有無	専門性の必要な分野、例えば電気、消防、建設分野や、外国語特技分野では部署を限定し、採用する。それ以外では、所属部署を限定せず多様な能力を保有する人材を採用しており、大学では 2～3 年周期で循環配置をすることにより、全般的な分野で力量を養えるようにしている。	電算、SW 開発など特殊分野の場合は、明示・限定するが、それ以外の採用は人事異動前提とはなっていない。	情報関係、図書館、国際交流など専門分野だけの採用公募はしており、採用の条件として専門分野とする。他の一般行政職はなし。基本的に短いと 2 年、中長期は 4 年程度で異動。
7. 配属部門を明示・限定して採用する場合、人事異動の有無	2～3 年周期で循環配置をすることにより、全般的な分野で能力を養えるようにしている。	担当業務（電算、運転、広報など）を明示し採用する場合には、採用以降、業務適合性が低い場合は、他部署に異動をする。	・採用時に所属部署及び担当業務を明示し採用・採用は一般行政職員として採用され、人事異動をしている。
8. 人事評価制度の有無と評価基準など給与の概要	年間での個人の目標を設定してどれだけ遂行できたのかを評価し、昇進と給与に反映される。業務実績のみならず、業務を遂行できる能力と態度もまた評価に反映され、自己開発のための教育参加の実績とボランティア参加実績、業務以外での大学に関する貢献度も反映される。	以下の制度がある。・職場内人事課規程・客観評価管理指針・多面評価管理指針	あり
9. 目標管理制度の有無	あり。成果指標を設定	あり。	あり。職務分析表として実施
10. 人事評価結果の反映	■給与 ■昇進昇格	■給与 ■賞与 ■昇進	■給与 ■賞与 ■昇進
11. キャリア開発プログラムの有無と必要性	あり。■ややそう思う	あり。■そう思う	あり。■そう思う

大学職員（正規職）の職群として、各大学の採用区分調査の結果、「事務職、技術職（司書職）、技能職」に分類されていることを明らかにしている。

（2）人事評価制度と評価基準

続いて「8.人事評価制度の有無と評価基準等の概要」については、各大学での名称に違いはあっても「職員人事考課規程」、「客観評価管理指針」、「多面評価管理指針」等の明文化された人事評価制度を持つ。

東義大が人事評価制度の別紙として示したものは次の表4のとおりである。

これは他の2大学でも同様で、釜山外大のように「教育ボランティア」等独自の指標も見られるが、その他後述する「多面評価」を取り入れていることも共通していた。

日本における人的資源管理論の先行研究でも、八代（2011）他が企業調査等の結果から述べているとおり、人事評価の基準は「能力、成績、情意」である。このことからも、それぞれの評定基準の差異はあっても日本と同様であり、それは企業だけでなく筆者の勤務大学の職員人事評価指標とも酷似していることが分かる。八代（2011）によれば、このような職能資格制度は「大規模企業ほど普及しており、とくに従業員規模5,000人以上の企業では93.4％と圧倒的多数の企業で導入されている」と分析をしている。このように人事異動、年功序列、終身雇用等を特徴とする「人に仕事をつける」というメンバーシップ型雇用に近いが、必ずしも日本とは一致しない点もあることは後述する。それでも3大学とも「能力、成績、情意（態度）」の評価項目は同様で、年間1回の評価となっているのも共通する。

久志・宮澤（2013）の大学職員の雇用に関する国際比較においても、このような人事制度の形態を「日韓型（アジア型）」と括っており、その分析として次のように述べている。「日本や韓国の大学に多く見受けられるケースで、年功序列を基本としつつ異動を通じて人材を丁寧に育成し、ある一定の年数が来れば、人事関連の昇進委員会的な委員会で勤務年数や業務実績を総合的に判断し、昇格や昇進を決める。終身雇用ということが前提であるため、流動性は極めて低い」というように、日韓両国の近似性を示している根拠ともなる。

表4．東義大の人事評価基準

※評定点：5点、優秀:4点、普通:3点、不十分:2点、不良:1点

昇進進級数	基本所要年数
3級~2級	3年以上
4級~3級	3年以上
5級~4級	5年以上
6級~5級	4年以上
7級~6級	3年以上
8級~7級	2年6か月以上
9級~8級	2年以上

項目	評定要素	評定基準	評定点 5点	4点	3点	2点	1点
勤務実績	目標達成度	担当業務を完遂した結果の目標達成の程度					
	業務の量と質	遂行した業務の量と質的水準					
	業務の効率	業務の効率向上のための努力の程度					
	創意性	業務遂行過程での新しい方法研究及び改善の意志					
	部署寄与度	担当業務に対する努力及び部署業務への寄与の程度					
	適時性	決められた時間内に担当業務を完遂しようとする意志					
職務遂行能力	職務の理解	担当業務に対する理解能力及び必要な知識、技術の習得程度					
	判断力	業務の革新把握能力及び関連業務に対する理解力					
	企画力	担当業務に対する計画、運行、分析などの業務企画能力					
	業務推進力	業務を迅速、正確、公正に処理し、問題点を把握、積極的に解決する能力					
	専門性	職務運行に必要な知識、技能及び経験を有している程度					
	指導・統率力	部署員の指導力、円滑な統率力の可否					
職務遂行態度	責任性	受け持った業務に対する責任感					
	協調性	部署及び関連部署職員間の業務協力に対する積極的な態度					
	道徳性	職員としての倫理的な資質涵養の可否					
	勤務態度・出欠	誠実性及び出退勤時問解字の可否					
	愛校心	似な感を持って学校発展のため献身努力しようという姿勢					
	合計						

出所：東義大からの配付資料「人事評価制度項目」を筆者が翻訳

(3) 目標管理制度

設問「9.目標管理制度の有無」においても、各大学とも名称の違いはあっても何らかの目標設定を行う制度を設けている。ここでは、釜山外大の例として表5に示すとおり、個人目標を人事評価の指標として目標管理を設定している。

なお、禹（2010）によれば、2006年の調査を基に、韓国の全産業における目標管理制度導入は、84.2％と非常に高い割合を占めている。この理由として「評価制度としての目標管理制度が業績をもっとも客観的に測定できる手法であること、個人別の成果に合わせて賃金を支払う成果主義賃金の導入

表5. 釜山外大の目標管理制度

段階別 主要内容	(1)成果指標設定(年間業務推進計画樹立)	(2)モニタリング			(3)成果評価	(4)還流¹/ フィードバック
		投入	過程	産出(Output)		
主要内容	・大学革新課題、及び目標(成果指標)設定 ⇩ ・部署運営計画樹立 ⇩ ・個人別業務推進計画樹立	・所要資源 —人力 —財政 —時間 など	・業務遂行 —測定 —協議 —作成 —検討・報告 —処理 —広報/要請 —督励 など	・課題別遂行結果報告 —遂行可否(過程/実績) —遂行結果 —参加者数 —達成水準 —成功水準など —改善事項	・結果(Outcome) —変化した事項 ・力量上昇 ・満足度上昇 ・義務移行など —改善しなければならない事項 ・要求される変化・特典など ・波及効果(Impact) —意図的/非意図的に発生する根本的な変化	・価値とバランス反映 —効果性 —生産性 —効率性 —質 —付加価値 —財政健全性 —満足度 ・還流反映 —業務計画 —予算補正 —人力配置
推進方法 ① 部署課題	年間運営計画樹立	業務推進有無/達成度点検(部署自己評価)				
② 大学課題	業務方向設定(ワークショップ)核心課題設定	中長期発展計画革新課題の点検 大学定量指標目標値の点検 機関評価認証評価準拠の点検 教育満足度改善項目の点検 総長(学長)指示事項の点検			自己評価研究委員会 —革新課題評価 —部署自己評価	大学評価還流委員会
③ 事業課題	事業推進計画樹立	(大学革新事業団、特殊外国語事業団、IPP事業団)成果指標、事業課題推進モニタリング			事業団別成果管理委員会	事業団別核心委員会
④ 個人課題	業務推進計画樹立	業務実績点検(実績技術書の作成)			1次/2次評価者又は人事考課評価委員会の評定	人事部署
施行時期または周期	3月	8月、11月、2月 モニタリング3回			(大学)翌年度3月 (個人)3月〜7月	(大学)4月 (予算)5月 (個人)8月
主体	各部署企画作成チーム 総務チーム 各事業団	総務チーム (モニタリング統合書式開発、モニタリング結果共有 企画処、教育革新院、各事業団)			(大学/部署)企画処教育革新IRセンター (事業)各事業団 (個人)総務チーム	(大学)企画処 (事業)事業団 (個人)人事部署

出所：釜山外大からの配付資料「目標管理制度」を筆者が翻訳

においてもっとも問題になってくることが個人業績の公平な評価であること」を挙げている。全産業における調査という点から、韓国の雇用慣行下にある大学職員の評価においても、同様の指標が多く取り入れられていることが理解できる。

　日本においても、八代（2011）は「目標の達成度により業績を評価する目標管理制度によって行う場合が多い」としつつ、「目標管理制度は能力開発を目的にしている」という論点を提示している。こうした中で、近年の日本におけるジョブ型雇用導入の議論との関連も考慮することは必要である。学校法人産業能率大学総合研究所（2007）による、大学職員を対象とした人材育成の実態調査報告での「人事考課制度と目標による管理制度との連動の強さはある」という分析結果からも、人事評価と目標管理制度の連関は今後も着目すべき観点であると言える。

（4）人事評価結果の反映

　設問「10.人事評価結果の反映」においても、賞与の扱いの違いはあっても、各大学とも給与、昇進昇格にそれぞれ人事評価結果を用いている。これについてどのように個々の職員が受け止めているのか調査票Bからの分析を行う。

　Bの調査回答は、釜山外大7名、東明大12名、東義大1名の合計20名より回答を得た集計が表6である。

　なお、この個別調査での東義大への訪問時は、台風上陸のため釜山市及び東義大から外出禁止令が出た関係もあって、B票の回答は総務チーム長のみとなった。その際に総務チーム長は「人事制度については、大企業のサムスンでさえも5割程度しか納得していないと言われており、大学組織においても同様である」と述べ、自身も納得しているわけではないと言及された。

　今回の個人調査は3大学で、しかもサンプル数が20と限られているため、

表6．人事評価結果及び現在の処遇に対する納得度

N=20

無回答者は割合から除く。 （　）内は人数	納得している	まあ納得している	どちらともいえない	あまり納得していない	納得していない
人事評価結果の納得度	5.3%（1）	36.8%（7）	26.3%（5）	26.3%（5）	5.3%（1）
現在の処遇に対する納得度	21.1%（4）	21.1%（4）	36.8%（7）	15.8%（3）	5.3%（1）

統計的な分析には至らない。「人事評価結果の納得度」の回答では「納得している」「まあ納得している」が4割を超えている。しかしながら回答者のうち勤続年数10年以内は4名のみで、残りは全て15年以上の管理職レベルの回答であったことは考慮しなければならない。すなわち、人事評価者側として自身が納得できなければそのツールを用いた評価はできないという観点は否めず、サンプル数の偏りは今後の調査の課題としたい。一方で「現在の処遇に対する納得度」についても、現在管理職位にあることから納得度が高まる点は同様であるため、「納得している」「まあ納得している」で同じく4割を超えていると理解できる。

日本においては、東京大学大学院教育学研究科・大学経営・政策研究センター（2021）による大学事務職員調査でも明らかにされたように「人事制度に対する納得性が高い」に対して、「そう思わない」「あまりそう思わない」と回答する人は、全体で75.6%となっている。この理由は分析されていないため、「公正な人事評価」制度導入における日韓両国の差異についても今後の研究課題として注目をして行きたい。なお、B票の設問「14.公平・公正・納得のいく評価の考え方」における自由記述は表7のとおりである。

（5）大学職員の能力

人事評価の際どのような観点から評価を行うかは、一定の明確な規定や指標が必要となる。それは主に「（2）人事評価制度と評価基準」において示された内容でもあるが、このほかに階層ごとに定められている事例として釜山外大の階級ごとに求められる能力の体系図を表8に示す。

これらのように、求められる能力基準は各大学において異なるものの、概ね傾向は見ることができる。これはB票での個別設問「10.大学職員に求められる能力」への回答とも概ね一致している。職員個々人が考える能力は次の表9のとおりである。

この他、韓国の大学職員論における先行研究として、Park（2010）による「大学職員のキャリア開発の現況及び要求分析」の調査結果がある。この調査で明らかになった「望ましい人材特性」を順位にした結果、1位が専門性38%、2位が積極性15%、3位が責任感7%であった。これらは東義大

韓国大学職員の人事評価制度の現状と課題

表7.「14.公平・公正・納得のいく評価にするための考え方」の自由記述

・客観的な資料に対する評価の割合を高くし、定性評価の割合を減らす。

・人事評価に学校発展方案などに対する提案又は個人の業務能力を評価できる自己推薦書などの資料を活用した客観的な評価方案を設ける。

・対象者に評価結果を知らせ、部分的に評価結果を公開。

・個人別特性及び学校機関では協業が重要なので、個人別の公正な評価は難しいと思うが、可能な限り、公正、納得できるようにしなければならない。

・すべての構成員が納得できる評価はなく、構成員の意見が反映され、評価の副作用を最小化できる努力が必要。（評価は結局主観的、人気順、正確に反映不可）

・職員人事発令に基づく事務分掌（個人業務）基準で成果及び貢献度等を客観的な評価指針に基づき公正な評価が必要

・当該部処長の業務評価結果を十分に反映していただければ、公正な人事評価になると考える。

・改善が少しずつなされていると思うが、学校の事情上、昇進ができず、部分的に私的な感情によって評価がされていると思う。

・個人の目標を本人の評価者（上級者）と議論して設定し、目標達成度合いに応じて評価を受けると、本人の評価に対して納得になるものと思われる。

・人事評価は、活用される基準と評価ツールによって左右されるので、活用する基準と評価ツールの整備において、構成員の同意と意見を十分に聞く過程が必要であり、そのような過程を経て作られた基準と評価ツールであるならば、公平で公正な評価ができるのではないかと思います。

・人事評価に関しては、100％お互いに満足する評価尺度はないと考える。

・主観的な人事評価の内容を止めること。

・徹底したパフォーマンス中心にすること。

・四半期ごとの全メンバーの評価結果の開示。

・年次別職級別に明確な評価基準と項目を設定し、主観的な評価よりも成果や業務遂行能力に関する明確な指標を使用しなければならない。評価者の教育と訓練を通じて評価過程と基準に対する理解度を高め、主観的な偏りを減らし、公正な評価を行うことができるようにする。　評価結果について対象者と共有し、改善点について具体的なフィードバックを進める。

大学評価学会年報『現代社会と大学評価』 第20号（2025年）

表8．釜山外大の階級ごとに求められる能力の体系図

—3)教育体系図(教育主体反映)

区分	勤続年数(ライフサイクル)	階級/職級	職級別革新力量	教育課程				自己主導型学習支援
				組織活性化教育		職能別教育		自己開発過程
				マインド教育		職務力量強化教育		
				素養教育	革新マインド	職務基礎	専門人養成	
室長/チーム(課)長	15年以上	Leader Ship (P1, P2)	リーダーシップコミュニケーション能力責任感	顧客志向/組織管理	組織革新/部下育成		組織活性化/調整及び統合	・語学/IT教育支援・専門人資格取得支援・出張教育及びオンライン/教育支援
チーム長/チーム員	10~15年	Followership (P3, P4)	推進力統合力専門家意識	協賛スキル/感情労働ストレス管理	成果改善/業務革新	プロジェクト管理力量強化,協賛技術強化	合理的意思決定、推進力、協賛	
チーム員	2~9年		創意力企画力戦略的思考	顧客管理/CS/ニーズ分析/信頼構築/マインドコントロール	創意力問題解決/業務力強化/WORK DIET	戦略的思考及び意思決定/状況、環境分析力強化	セルフリーダーシップ、フォロワーシップ(チームワーク強化)	
新任職員	2年目未満	Internship (P5, P6, 契約職員, 研究員)	顧客志向性愛校心積極性	顧客志向CS顧客応対/職場内マナー	組織没入(愛校心)ポジティブマインド、積極性	新入社員職務/保守教育		
全体職員		Membership	法定義務教育	—職場内セクハラ予防教育 —個人情報保護教育/保安業務教育 —産業安全保健教育/障がい者認識改善教育 —職場内苦情予防教育 —緊急福祉申告義務教育/児童虐待予防教育 —依頼禁止法教育など				
			メンバーシップ開発過程	—国内・外職員研修プログラム進行 —極臨訓練プログラム(新入職員及び参加希望者)				

出所：釜山外大からの配付資料「教育体系図」を筆者が翻訳

表9．大学職員に求められる能力についての各職員の見解（自由記述）

属性（　）内は勤続年数	大学職員に求められる能力
教務チーム（22年）	企画力、創造力、サービス精神
図書館文献情報チーム（25年）	行政力、親切さ、積極性、企画力
学事管理チーム（21年）	協業、責任感
事務処長（26年）	大学政策に関する情報、専門性
施設安全チーム（28年）	業務遂行能力、責任感、協業等
教務処教授学習支援センター（22年）	行政専門家、企画力、コミュニケーション能力、協業能力、該当業務の専門性
学生処（22年）	学生行政の迅速な処理能力及び学生福祉改善創出
総務チーム（29年）	改善力、電算化、適応力、自己研鑽
企画評価チーム（22年）	サービス精神
企画評価チーム（6年6か月）	大学運営に対する持続的な関心、自己研鑽
教授学習支援センター（24年）	学生及び教員の支援力
財務チーム（23年）	規程や指針による客観的な業務処理
国際交流チーム（23年）	学生サービス、行政力
企画調整チーム7年（1年休職）	規程、法令の理解、他部署の協力を引き出す能力、多数のメンバーを説得するプロセス、意思決定能力
無回答（6年6か月）	適応力、他部署との協働力、教育サービス
予算チーム（15年6か月）	無回答
無回答（15年）	コミュニケーション能力、サービスマインド
無回答（15年10ヶ月）	専門性と行政能力
無回答（10年4ヶ月）	職務に最善を尽くす職員

※下線は次頁先行研究の「望ましい人材特性」にて抽出された共通の能力

の人事評価基準（表4）及び釜山外大の階級ごとに求められる能力の体系図（表8）の評価指標にもそれぞれ位置付けられており、B票での個別設問「10. 大学職員に求められる能力」の自由記述（下線項目）でもそれぞれ網羅されている。1位の「専門性」は、日本の大学職員研究の中でジェネラリストかスペシャリストかの議論は今も続いているのが現状である。

なお、Lee（2017）が「大学職員の要求能力」として表10のとおり示した10の能力区分をそれぞれの部門特性に応じ10段階の尺度で示したことは、後述する職務分析表に繋がり、大学職員全般の汎用的能力に留まらず「仕事に人をつける」職務等級制度に近いことも考えられる。

（6）キャリア開発制度

最後の設問となる「11. キャリア開発プログラムの有無」において、いずれも何らかのキャリア開発プログラムを有しており、外部の職能団体組織も活用していることが分かった。その上で、Park（2010）の調査によれば「必要とされるキャリア開発制度」の上位項目は、1位が適材適所の配置25％、2位が人材開発17％、3位が能力本位14％であり、また「人事制度上の必要要件」は、1位がキャリア開発27％、2位が核心人材養成14％、3位が人材管理10％であったと分析を行っている。

1位の適材適所の配置は、世界的に見ても稀な人事異動がある日韓両国に共通する点として、キャリア開発には必要な項目であり、日本の大学にそのまま置き換えても同様であると言える。

なお、禹（2010）によれば、2006年の調査を基に、韓国の全産業におけるキャリア開発制度（Career Development Program）導入の割合は53.0％となっており、核心人材管理（Top Talents Management）制度とともに増加していることは、この調査の結果とも関連が見られる。

（7）多面評価

その他、設問から派生した回答として、3大学とも共通する評価手法に多面評価があった。多面評価とは、八代（2011）によれば「従業員の評価を、直属上司だけでなく、同僚や部下、場合によっては社外の取引先等多方面から行うこと」と定義し、新しい評価制度の潮流として述べている。

表10．大学職員の要求能力

能力区分↓ ／ 事務部門名→	事務												技能	技術	
	企画	広報	教務	学事	学生	就職	人事	入学	財務	購買	研究支援	国際	管理	図書館	情報電算
コミュニケーション能力（文書理解、文書作成、意思表現、基礎外国語）	4	4	2	2	5	3	4	1	7	3	4	1	5	2	9
数理能力（基礎演算、基礎統計、図表分析・作成）	3	7	8	5	7	9	9	8	4	7	5	9	7	9	10
問題解決能力（思考力、問題処理）	1	2	1	4	4	5	5	7	2	5	3	4	4	4	3
自己開発能力（自己認識、自己管理、キャリア開発）	10	10	5	7	9	4	6	3	5	10	6	6	6	8	7
資源管理能力（時間、予算、物的資源、人的資源管理）	6	3	6	9	2	6	2	4	9	6	1	5	9	5	6
対人関係能力（チームワーク、リーダーシップ、葛藤管理、交渉力、顧客サービス）	2	1	3	1	1	1	1	5	8	1	2	2	2	1	1
情報能力（コンピュータ活用、情報処理）	9	9	9	3	3	7	7	10	1	9	9	7	8	7	4
技術能力（技術理解・選択・適用）	8	8	10	10	10	10	10	9	10	8	10	10	1	3	2
組織理解能力（国際感覚、組織・経営・業務理解）	5	5	7	6	8	2	3	6	6	4	8	3	10	6	5
職業倫理（勤労・共同体）	7	6	4	8	6	8	8	2	3	2	7	8	3	10	8

（表中の数字は順位）

出所：Lee (2017) の表を筆者が翻訳

これに関連して東義大の総務チーム長より、それぞれ運用が異なることは前提として「目標達成や成果が見えにくい制度を補完する意味で、多面評価制度を導入する大学は４割程度である」と述べていた。この総務チーム長は、韓国の大学人事関係の職能団体「全国大学人事及び教育管理者協議会」の会長でもあることから、その言葉の裏付けもあるよう明言をされていた。

さらに、禹（2010）の研究結果によれば、2006年の調査を基に韓国の全産業における多面評価制度の導入は56.6％に及ぶと明らかにしている。この点は総務チーム長の発言に概ね近い数値と見ることができ、多面評価の方法については今回新たに得た知見として特筆すべき点があった。それは３大学とも共通する評価方法として多面評価を導入していることだけでも先進的であるが、実際にどのように評価しているかを質問したところ、東明大では「自分以外の全員の職員が自分を評価する」と一瞬耳を疑う回答であった。そのため、複数の通訳者を介し慎重に再度確認したところ、間違いなくその言葉通りの回答であった。大学の属性調査では職員数は108名であるため「107名がそれぞれ評価を行うことは本当に可能であるのか、中には仕事上よく知らない職員もいるのではないか」という問いを再度したところ、「確かにそのとおりで負担も大きく、知らない人の評価は良くも悪くもできないため中心化傾向にならざるを得ない」という回答であり、この後に訪問した東義大でも全く同様であった。客観性を求めるがゆえの制度疲労、評価疲れの率直な意見も聴くことができ、多面評価の利点とともに問題点も明らかになった。

（8）職務分析表（ジョブディスクリプション）

最後に多面評価と同様、調査の過程で現れた職務分析表（ジョブディスクリプション、以下JD）についての考察を行う。東義大より示されたJDには「人事に関する最も基本事項である職務分析を行政組織の評価方案に導入し、総合的評価資料の一環として活用」を図っているとあった。人事評価の多面的な取り組みとして日本の大学事務組織への検討材料となり得ると考えられる。

久志・宮澤（2022）の調査によれば、ソウル地域の２つの私立大学においてもJDは同様に存在することを明らかにしている。このときの回答として「私たちは自分のJDを毎年更新しています。私たちの大学の人事システム

として毎年JDを改訂することになっています」とあり、JDの活用が進んでいると言える。この調査結果の考察と提言において、久志・宮澤（2022）は、次のように述べている。「（今後の日本の職員育成システムの課題は）JDに基づく評価制度の構築である。米国、カナダ、英国等の専門職ならではの制度と捉えることもできるが、どのレベルまで仕事を達成すれば評価されるのかを明確にすることで、大学職員の仕事へのモチベーションが更に高まり、組織の繁栄に繋がる」という点は、日本の組織にも必要な課題でもあろう。この課題こそが大学職員の内発性となる動機付けのための制度としての必要性に繋がり、そしてこれまでとは異なる大学職員の役割モデルの再構築の一つの手段として、韓国の人事評価制度が参考となるのではないかという点を本稿の結論として提言をしたい。

おわりに

　以上のことから、RQ1の「韓国大学職員の人事評価制度はどのように運用されているか」の問いに対しては、本訪問調査において韓国大学職員の人事評価制度の運用が見えてきた。また、RQ2の「韓国大学職員は人事評価制度に対しどのように考えているか」の問いに対しては、各職員の見解であるＢ票の回答に基づき、必ずしも人事評価制度の納得度が高いわけではないが、評価に対する考え方により、今後改善の余地があることも分かった。なお、RQ3の「韓国大学の人事評価制度は、日本の同制度と比較してどのような点で差異があるのか」の問いに対しては、韓国でも人事異動が前提となり、これまでは近似する制度を持つ両国ではあったが、現在の韓国の組織は今や職務等級制度に近く、フラットな組織形態としてチーム制を敷き、昇格と昇進（９級〜１級）を分けて構成していることが分かった。また、評価制度においても、多面評価等を取り入れJDも導入していること等から、日本との差異も生じていることがそれぞれ明らかになった。

　今回調査の前段となる科研費調査（2018-2020年度）による考察では、「メンバーシップ型の日本の大学職員の特徴として①強い共同体性、②専門性への忌避（総合職志向）、③強い独立性を持つ〈事務局〉への一元化」の３点

を抽出した。かつて盛んに論じられたアメリカ型専門職モデルへの移行が実現していないのは、日本の大学職員が「人に仕事をつける」といういわゆるメンバーシップ型であり、諸外国では一般的な「仕事に人をつける」職務等級制度ではないということである。職務等級制度をそのまま「ジョブ型」と置き換えることの議論は別として、このような大きく異なる雇用労働システム下にあり、システム全体の差異、例えばその〈共同体性〉を無視して「ジョブ型」に移行することは、それが職員の内発的必要性に発するものでは無いであろう。それを明らかにするためにも、地理的・社会的・政策的近似性を有する隣国との国際比較の試みが本研究の機軸にあった。

　しかしながら、人事異動が前提となりこれまでの職能資格制度としては、非常に近い形態の制度を持つ両国ではあったが、今や似て非なる状況であるとも言える。それは前節において触れたJDの存在から見ても、フラットな組織形態とするチーム制度を持ち職務に応じた9級〜1級の等級制度を用いた組織形態を見ても、欧米型の職務等級制度に近づいているとも言えよう。

　このことは安（2003）によれば、1980年代までは年功的（従業員の処遇が中心となる制度）で日本とほぼ同様であったが、「人が中心の人事管理から、職務中心の人事管理への転換」がされた契機として、1997年IMF事態（アジア通貨危機）により、人的資源管理に大きな変化がもたらされ、これまでの人事、雇用慣行が激変したことを指摘している。

　また、安（2003）は「1990年代の職能資格制度を経て、2000年代には職務等級制度へ」の変遷もあったと言う。これも今回の調査で明らかになった点の背景としては合致してくる。実際に、前節で取り上げた東義大のJDを含む現行の人事評価制度について「1992年から始まり、その間現在まで改善を繰り返し変遷してきた」という総務チーム長の発言は、このような時代背景と連動していたと考えられる。チーム制を敷く韓国の大学事務組織は近年増えているが（東義大では2015年より導入）、まだ経営的余力のある大学は日本と同様、ピラミッド型の職能資格制度を取り入れる大学もあるとのことである。とはいえ本調査の過程でメンバーシップ型とジョブ型の利点を取り入れた改革を進めていることが見えてきた点は日本との差異とも言える。

今回訪問した釜山地域の３つの大学はいずれもフラットな組織形態としてチーム制を敷き、基本的にはチーム長と一般職員という構成であり、昇格と昇進（９級～１級）を分けて、多面評価を取り入れたJDも導入していた。このような事例は、日本では見られないであろう。

　そのような変革が見られる背景には、18歳人口の減少が日本以上に急激に進む隣国の社会構造の変化もある。大学の統廃合が進む韓国の動きは日本も同様で、今や私立大学の半数以上が入学者の定員割れとなる状況は決して他人事ではない。韓国の事例を対岸の火事でなく、近い将来の日本の大学事務組織として相対化する必要があることも本研究の一つの成果として提言をしたい。

　それは馬越（2001）にて指摘の通り、両国の大学は近似性を保持しながらも日本よりも迅速に変革してきたことは（長短併せ持つとしても）、現職の教職員として二度にわたる韓国大学の訪問調査でも感じたところである。また、井手（2010）が韓国の大学を「評価先進国」と評し（ただし本稿における人事制度の評価ではなく質保証の観点からの大学評価の文脈として）述べるようなマクロの評価から、今回取り上げたミクロの成員における評価研究も併せ大学の構成全体として考えていくことは、多元的で多様な視点から大学評価を研究する観点より、今後もさらに発展させる必要があると考える。

　以上、大学職員の内発性に基づく役割モデルの再構築に向け、本研究をより深化させるために内発性を直接・間接的に作用する一つの制度として今回人事評価を取り上げた。今後は人事制度全体に焦点を当てた研究にも着手する必要性を次の課題として提起することで本稿のまとめとする。

【参考文献】
（１）安熙卓. 韓国企業における「職級制度」の展開. 九州産業大学経営学論集, 2003, 14（２）号.
（２）井手弘人. ここで起きているのは「未来の姿」か──「情報公開」の推進で競争環境再編を図る韓国─韓国の高等教育戦略. カレッジマネジメント, リクルート, 2010, 163号.
（３）禹宗杬編. 韓国の経営と労働. 日本経済評論社, 2010.
（４）馬越徹. 先を行く韓国の高等教育改革. カレッジマネジメント, リクルート, 2001, 107号.
（５）学校法人産業能率大学総合研究所. 大学職員を対象とした人材育成実態調査報告書, 2007.
（６）桑田耕太郎・田尾雅夫. 組織論補訂版. 有斐閣, 1998.
（７）佐藤博樹・藤村博之・八代充史. 新しい人事労務管理. 有斐閣, 2011.

（8）東京大学大学院教育学研究科・大学経営・政策研究センター．大学事務組織の現状と将来―第2回全国大学事務職員調査―報告書，2021.

（9）羽田貴史．大学管理運営の動向．COE研究シリーズ―大学の組織変容に関する調査研究，2007, 27.

（10）羽田貴史．高等教育研究と大学職員論の課題．高等教育研究，2010，第13集，pp.23-42.

（11）羽田貴史．大学職員論の課題．大学職員論叢，2013，第1号．

（12）羽田貴史．大学の組織とガバナンス．東信堂，2019.

（13）久志敦男・宮澤文玄．諸外国における大学職員のキャリア開発とジョブローテーションに関する一考察．大学行政管理学会誌，2013，第17号．

（14）久志敦男・宮澤文玄．続編：諸外国における大学職員のキャリア開発とジョブローテーションに関する一考察―海外大学職員から見た日本の人事システムを中心に―．大学行政管理学会誌，2022，第26号．

（15）深野政之．大学職員の内発性に基づく役割モデルの再構築に向けた国際比較研究．科学研究費補助金・基盤研究（C）報告書，2023.

（16）宮澤文玄．韓国の大学職員における職能開発に関する実証研究．大学行政管理学会誌，2009，第13号．

（17）宮澤文玄・朴恵蘭．韓国の職能団体（KAIE）と大学職員の専門性について．大学行政管理学会誌，2015，第19号．

（18）八代充史．人事労務管理の国際比較．新しい人事労務管理第4版．有斐閣，2011, pp.283-285.

（19）박성민. 대학 교직원 경력개발 현황 및 요구분석 – K 대학 사례를 중심으로 – （大学教職員のキャリア開発の現状と要求分析‐K大学の事例を中心に），The Korean Journal of Human Resource Development Vol.12, No.1, 2010, pp.187-206.

（20）이종원. 대학을 졸업하고 대학에 출근하기（大学を卒業して大学に出勤する），하우（ハウ出版社），2017.

（21）Deci,E.L.,&Ryan,R.M. *Intrinsic motivation and self determination in human behavior*. New York:Plenum Press,1985.

大学評価学会年報『現代社会と大学評価』第20号（2025年）

Current status of personnel evaluation systems for university staff in Korea

MIYAZAWA, Bungen

Gakushuin University

FUKANO, Masayuki

Osaka Metropolitan University

Keywords

Personnel Evaluation System, University Staff in Korea, Flatter Organizational Structures, Multifaceted Evaluations, Job Descriptions

Summary

This study presents the results of visits to three universities in Busan, Korea, in 2023. The study aimed to clarify the current status and issues of the personnel evaluation system for university staff in Korea based on the attributes and perceptions of both individuals and organizations. The universities surveyed were the Busan University of Foreign Studies, Tongmyong University, and Dong-Eui University. These institutions are all prominent private universities in Busan, with student populations ranging from 10,000 to 20,000.

Before the on-site survey, two questionnaires were sent to each university's HR department and to individual staff members, with responses collected during subsequent on-site surveys. Through direct dialogue with university staff members, we could understand the system. Moreover, we could ask questions about the operational aspects and individual awareness regarding

韓国大学職員の人事評価制度の現状と課題

the recruitment, promotion, and personnel evaluation of university staff in Korea.

In terms of recruiting and transferring professional staff, all universities specify or limit recruitment to certain departments and specialist positions. However, staff are subject to personnel transfers with some exceptions. Regarding personnel evaluation systems and evaluation criteria, all three universities had clear evaluation systems. The evaluation criteria for personnel were ability, performance, and attitude, which are similar to those used in Japan. The personnel system emphasizes lifetime employment and seniority, with promotions and advancements based on a comprehensive assessment of tenure and work performance.

The managerial method of each university was based on a goal-setting system. At the Busan University of Foreign Studies, individual goals are used as indicators for personnel evaluation within an objective management system. Over 40% of respondents expressed that they were 'satisfied' or 'fairly satisfied' with the personnel evaluation system. Similarly, more than 40% were 'satisfied' or 'fairly satisfied' with their current position and treatment. However, this survey had some limitations in that it only received 20 responses, most of which came from managers.

Traditionally, the organizational structure of university staff in Korea closely resembled that of Japan. However, the economic crisis since the 1990s has led to reforms such as flatter organizational structures and separation of promotion and advancement. This survey revealed differences between Korea's and Japan's personnel evaluation systems, such as the introduction of multifaceted evaluations and job descriptions. However, personnel transfer systems were still common. These rapid reforms were driven by changes in Korea's social structure, particularly the declining birthrate, which is declining even more rapidly than in Japan.

This research was supported by JSPS KAKENHI Grant No. 21K02665.

《実践報告》

Ｚ短期大学における「教育方法論」の実践報告

松本圭朗（近畿大学）

はじめに

　本実践報告は、2022年度のＺ短期大学幼児教育学科における科目「教育方法論」での教育実践を、学生のミニッツペーパーをもとに報告するものである。

　Ｚ短期大学幼児教育学科（以下、本学科）では、単位取得により幼稚園教諭二種免許状と保育士資格を取得できる。本学科には１学年に約80名の学生が在籍し、40名程度を１クラスとして計２クラス（Ａ組・Ｂ組）が編成されている（クラス担任制）。卒業要件、免許状・資格取得の関係から、ほぼ全ての科目が必修の扱いであり、クラス単位で科目を受講している。また、免許状・資格の取得に必要な実習は、次のとおりである（表１）。

表１．教育実習・保育実習の開講時期

科目名	開講時期	概　　要
教育実習Ⅰ	１年前期	付属幼稚園での観察実習・参加実習
教育実習Ⅱ	２年前期	幼稚園での教育実習
保育実習Ⅰ－１	１年後期	保育所での３歳未満児を対象とした保育所実習
保育実習Ⅰ－２	１年後期	児童福祉施設及び障害者支援施設等での実習
保育実習Ⅱ	２年前期	保育所での３歳以上児を対象とした保育所実習
保育実習Ⅲ	２年前期	児童福祉施設及び障害者支援施設等での実習

そして、科目「教育方法論」（以下、本科目）は２年次後期の開講であるため、学生は全ての実習を終えたうえで、本科目に臨むことになる。

本科目は幼稚園教諭二種免許状の取得に係る必修科目のため、教職課程コアカリキュラムに則り、シラバスを構成した（表２）。なお、Ａ・Ｂ両組とも同一内容で実施した。

表２．教育方法論のシラバス概要

〈講義目標〉
①教育方法を活動の観点から理解する。
②小学校教育との接続を考慮した教育方法の特徴を理解する。
③自身の教育方法を改善していく営みを理解する。

〈講義計画〉
第１回：オリエンテーション：教育（保育）方法とは何か？
第２回：子ども理解にもとづいた保育方法と評価
第３回：子どもにふさわしい園生活と保育形態
第４回：養護と教育が一体となった保育の方法
第５回：環境を通した保育の方法
第６回：遊びを通した保育の方法
第７回：個と集団を活かした保育の方法
第８回：保育内容の指導法（１）：協同的な遊び
第９回：保育内容の指導法（２）：行事の指導
第10回：発達に応じた保育方法（１）
第11回：発達に応じた保育方法（２）
第12回：教材や情報機器を活かした保育方法
第13回：保幼少接続の保育方法
第14回：保育実践記録と保育方法
第15回：まとめ

本科目は「教育＝他者への働きかけ」と捉え、他者の固有性を基底とすることで、「働きかけ＝教育方法」が多様に存在するという立場を採っている[1]。講義目標の中でも「③自身の教育方法を改善していく営みを理解する」は教職課程コアカリキュラムよりも、むしろ本講義の立場を反映したものである。すなわち、本講義の立場に照らしたとき、学生には以下のような実態・課題があったため、講義目標③を設定した。

本科目の受講までの１年半の間に、学生は講義・演習と実習を積み重ね、保育観を形成しており、自身が受け入れた教育方法／教育実践以外への忌避感をみせる場合がある。例えば、実習先で出会った実践に対して、「これまで学習したものとは違うので受け入れられなかった」と語る学生がいる。また、今日に至るまで高く評価され続けている実践の映像を視聴した際には、「今まで習った保育方法とは大きく違うので保育ではない」といった否定的な意見もあった。この場合、学生は「この実践は違う」という想いに留まり、実践の背景、評価理由、課題等の思案に辿りつかない。そのため、学生は教育方法が多様に成立し得ることを理解できず、自身が受け入れた教育方法以外から学び、それに基づいて自身の教育方法を改善するという営みを経験することができない。そもそも、学生は自身の保育観と相容れない教育方法を議論の俎上に載せることができない。つまり、学生は自身が受け入れた教育方法以外を考えようとする心構え――「教育方法の多様性を考える構え」――ができていない。

　保育者の専門性の１つとして、講義目標③に係る力量、すなわち、実践を問いなおす省察の力量が求められている。この省察は実践を議論の俎上に載せ、その意図を丹念に紐解くことから始まる。保育者養成における省察の力量形成は講義や実習の事後学習で行われ、事例検討によって子ども理解や対応例をグループで共有する作業が課される場合が多い。しかし、学生は前述のような課題を有しているため、事例検討の結果の共有を通して、複数の対応例の存在を確認したとしても、自身が納得した対応例以外は「それは違う」と感じた時点で、比較検討の対象とならない。そのため、事例検討の結果の共有だけでは、省察の力量形成に寄与しないばかりか、自身の保育観や信念の強化が促され、その問い直しには繋がりにくい。

　以上、本科目の立場を踏まえれば、学生には「教育方法の多様性を考える構え」が育っていないために、保育者養成における省察に係る力量形成を十分に行えないという状況がある。そこで、本科目において、省察に係る力量それ自体ではなく、その前段階の「教育方法の多様性を考える構え」の育成を企図した実践を試みた。以下、「Ⅰ.」では本科目での実践の概要を、「Ⅱ.」

ではミニッツペーパーに依拠しながら学生の学びを述べ、「おわりに」で総括を行う[2]。

Ⅰ．困難事例考察実践の概要

本科目は各回に主題を設定した講義形式で行っている。しかし、90分間の講義では、学生の集中力は継続しにくい。この点も勘案し、各回の主題とは異なる内容を扱う時間（30〜45分程度）を確保し、複数回にわたる継続的な実践を行った。具体的には、1つの事例に対して異なる2つの対応例をグループで模索する、という実践である。この時、実習における「うまくいかなかった」という失敗体験や、「どうすればよかったのか」という戸惑い体験等を事例として用いた。学生は困難を感じた場面に対して、「もっと違った仕方であり得たかもしれない」という切実な感情を抱いている。そのため、こうした場面に対して2つの対応例を構想することで、その異同の比較検討や、保育観の考察の契機が生まれ易いと考えた。以上のような実践を困難事例考察実践と称する。つまり、各回の主題とは区別したかたちで、「教育方法の多様性を考える構え」の育成を企図した困難事例考察実践を実施した（以下、本実践）。実施回は第2・5・6・8・9・10回であり、その詳細は次のとおりである。

第2回では、本実践の導入として、「どうしたらいいの？　どうしたらよかったの？　という想いになった実習における自身の関わりの例を挙げてください」というレポートを課した。その際、自身の直接体験を取り上げ、活動や年齢、保育形態、場面が分かるように詳述することを求めた[3]。

第5回では、1グループ5名程度として、A組は8グループ、B組は7グループをランダムに編成した。グループでの事例共有後に、「一番、たしかにどうしたらいいか分からない、対応に悩む」という事例を1つ選択する作業を課した。また、選択事例の文章をグループで検討し、初めて読む人にもかわりやすい文章に修正した改訂版の作成を課した。

第6回では、他グループの改訂版事例を読み、「分かりにくい、読みづらい箇所とその理由をまとめる」作業を課した。この作業は個人で行い、意見

は無記名で集約した。その後、集約した意見を各グループに開示し、文章で伝えることの難しさを確認した。そのうえで、他グループから提出された意見を踏まえて、もう1度、判然としない記述の修正を指示した。ここで、「場面、対象児、対象児の気持ちが記述されているか」、「こうすべきだったという文章が含まれていないか」を確認点として周知した。また、今後、この事例の冒頭に「以下の事例を読んで、あなたならどのように関わりますか？」という問いが提示され、論述問題の事例になると説明した。

第8・9回では、まず、他グループの事例を題材として、「以下の事例を読んで、あなたならどのように関わりますか？800字で答えなさい」という課題を課した。解答終了後、答案は課題事例を作成したグループへと渡すように指示をした。その後、手渡された答案を回答例として、グループで模範回答を2つ作成することを指示した。その際、①回答例をそのまま使用しないこと、②どのような関わりをするか分かりやすく、具体的に書くこと、③なぜ、そのような関わりをするのか、理由を具体的に書くこと、④模範回答なので、段落を分けたり、はじめ・なか・おわりなどの文章構成を考えること、の4点を注意事項として説明した。

第10回は模範回答づくりを主とし、90分を充てた。なお、この作業でも、グループ外の人が読んでも分かる文章の作成を指示した。第10回の講義後、2つのクラスから計15グループ分の事例と模範回答が提出された。

以上が本実践の概要である。事例と模範回答という成果物への評価は、本実践報告では言及しない。なぜなら、本実践の主眼は成果物よりも、むしろ、その過程を通した学びにあるからである。ここでの事例・回答例への評価は割愛し、末尾における「資料」の掲載を以って、これに代える。

Ⅱ．学生たちの学び

第11回では、本実践に関するミニッツペーパーを配布し、翌週の講義での提出を求めた。配布の際、ミニッツペーパーでありながら講義時間外での記述を求めているのは、自身の学びを言語化させ、保育観を捉えなおす機会となるため、時間をかけて取り組んで欲しいからだと学生に伝えた。

ミニッツペーパーの設問は、①「１つの事例から複数の回答を作成した経験の感想と、そこから学べることは何か」、②「教育方法の多様性について考えたことは何か」の２つである。設問①は、本実践の感想を記述させつつ、それとは異なる学びの言語化を目的としている。設問②は、学生が、どのように教育方法の多様性を理解しているのか、の把握を目的としている。以下、ミニッツペーパーをもとに学生の学びをみていく。

１．学びの過程における戸惑い

多くの学生は、本実践に対して戸惑いを感じていた。授業中には、「１個でいいじゃん！」、「なんで２個も作らんといけんの！」、「めんどくさーい」という声が多く聞かれた。この発言から「やる気がない」と判断することもできる。しかし、ここには戸惑いが多分に含まれている。ミニッツペーパーでは、次のような記述がみられた（下線は筆者、以下同様）。

〇始めは、１つの事例から複数の解答例を作成する意味が全く分かりませんでした。

〇はじめ、複数の解答例を作って下さいと言われたとき、「２つも回答例を作るの？！」と驚いたとともに、１つの回答に絞らないことに戸惑いました。

〇今までは１つの事例から１つの回答をすることが多く、初めは戸惑いがあった。

〇複数の回答例を作成し、なぜ１つではなく時間をかけて複数の回答を考えなければいけないのか不思議だった。

学生は真剣に向き合おうとするからこそ戸惑っていた一方で、「はじめは」という文言や「不思議だった」という文末から、戸惑いが学びの過程の中で解消されていったと推察できる[4]。

また、学生は文章の校正・改訂の作業にも戸惑っていた。ある学生は、「私は文章を書くこと・読むことが苦手なため、何度も校閲することに悪意を感じていた」と否定的な印象を経て、「グループメンバーと意見を共有しなが

ら校閲することで、多様な価値観を学んだ」と記している[5]。

2．教育方法の多様性に関する学び

学生は戸惑いを感じながらも、何を学んだのか。まず、①「1つの事例から複数の回答を作成した経験の感想と、そこから学べることは何か」には、次のような記述があった。

〇複数の回答例をもとに、私たちなりの回答例を作る中で、子どもの気持ちや発達を考えて対応する人、子どものことも集団として流れも大切にしながら対応する人など、それぞれ大切にすることや回答者の能力によって対応の仕方は異なっていると分かった。

〇私は今までの学びから、自分なりの保育がなんとなく確立していて、「自分だったらこのようにしていきたい」と「自分の考えが一番良いのでは？」という思いが強くなっていったが、グループで他の人の意見を見たり、聞いたり、回答例を皆で作ったりして、自分以外の人の保育に触れることで、「確かにこの保育もありだな！」や「こんな保育、私もやってみたい！」「この考え凄いな」と新しい見方が出来るようになり、「他者との保育の話し合いは、お互いの保育でどちらが良いかとぶつかり合いになるのではないか」と思っていたが、同じ年齢の同じ経験値の人とも、より良い保育を追求していくことは可能で、職場でも1つの事例を皆で話していくことで、より良い保育の道が皆の意見が合わさって、出来ていくのではないかと思いました。

〇私は、子どもに次の動きを伝えるときに、「〇〇ちゃん、次は□□しようよ」「□□したら楽しそうだよ」等と直接的な言葉が多くあると気づくことが出来ました。それと同時に、「〇〇ちゃん、□□したら電車さんに乗っているみたいだよ」「□□したらお兄さんみたいに見える！」等と間接的な言葉がけをすることにより子どもの意欲をより引きだすことができるのだと学ぶことができました。

〇各々意見をする中で、自分とは異なった考え方をしている人がいた時に、まずは受け入れることが大切だと学んだ。自分の中で、一度「これが正

しいのではないか」と思ってしまうと、他の意見を受け入れ難くなって
しまうが、「その考えもあるんだ」と受け入れ、「それをもう一つの回答
例に生かしたら良い」と受け入れることができた。また、一つの回答例
のみ作成するのではなく、複数作成することで、自分の意見を客観視し
てみたり、自分の考えに固執せず、広い視野を持って考えたりすること
の大切さを学んだ。

　ここから、学生が教育方法を意識的に考えていることがうかがえる。これ
は、実践で「こうしていきたい」という想いを強める過程や、「直接的な言
葉が多くある」といった働きかけの特徴への気づきとして現れている。また、
「この考え凄いな」という感想に始まり、「それぞれ大切にすること」の発見、
「間接的な言葉がけ」があることへの気づき、など多様な形でも現れている。
学生は他者の教育方法の存在への気づきを、新たな教育方法の発見と捉え、
そこに驚きや嬉しさ等の感情を抱いている。
　つぎに、②「教育方法の多様性について考えたことは何か」という設問に
は、次のような記述があった。

○教育方法の多様性について、私は目の前の子どもの姿や発達の程度を捉
　えた方法で子どもたちを教育していくことが大切だと考えます。
○集団生活をする中で、子ども達一人ひとりの性格や体格、考え方、得意・
　不得意なこと、心の中の思いなどが異なっています。そのような子ども
　たちに対して、全く同じ保育を実践してしまうと、子どもが成長する出
　来事があっても成長できない、実感できないということに繋がると思い
　ます。そのため、教育方法が多様にあることで、子どもが心身ともに成
　長できるのだと思います。
○保育が多様な理由は、子どもたち一人ひとりの年齢や発達段階、性格、
　日々の様子に合わせた保育が行えるようにするためだと考える。そうす
　ることによって、子どもに寄り添うことができ、子ども一人ひとりに合
　った保育を進めて行くことにもつながるのではないかと考える。

ここから、学生が教育方法と子どもとの相互関係を捉えていることがうかがえる。学生は「目の前の子どもの姿や発達」や「日々の様子」を踏まえることで、教育方法の多様性が生まれるとみている。その一方で、「教育方法が多様にあることで、子どもが心身ともに成長できる」というように、教育方法が多様であるゆえに、子どもに適した教育実践が展開できるという理解もみせている。

３．グループ活動での学び

　本実践ではグループ活動を行っているため、ミニッツペーパーにはグループ活動での学びに関する記述もあった。

〇また、自分が体験したことをメンバーに共有する活動では"伝える"という技術を身に付けることができた。保育現場では、職員間で、子どもに、保護者に、伝える場面が多くあるため、コミュニケーション力や情報共有の大切さに気づいた。他の班の事例などを読むことで様々な方向から考えたり、客観的に物事を見つめるという"考える"力もついた。このような学びから、記録という大変な業務だが、意義を知り、書くことに慣れることができた。

〇また、何回にもわたって同じ事例を扱うことで、保育を振り返ることができ、保育における振り返りの大切さを再度学ぶことができました。

〇自分の中の正解だけではなく、他の人の答えを知ることで保育の展開に繋がっていくことが分かり、実際に現場に出た時も、このように他の職員と情報共有や相談を欠かさず行うことがよりよい保育に直結していくのだと学べました。

〇教育現場における記録の重要性を学びました。上手く対応することができた事例も、そうでなかった事例も今回のように回答例を複数人で考えることで、今後、似た場面に遭遇した時、上手く対応することができます。また、自分一人ではなくグループの人といくつかの回答例を作成することで、子どもにあわせた臨機応変な対応ができると思います。現場に出てからも、心に残った事例、気になった事例は記録し、他の保育者と共

有する<u>こと</u>で、園の保育の質を向上させていくことができると考えます。

　学生はグループ活動をとおして記録、情報共有、振り返り、相談等の重要性に気づき、現場でも活かそうとしている。これは、保育現場において省察に係る力量を形成する場とされるカンファレンスに通じる[(6)]。

おわりに
　以上が、「教育方法の多様性を考える構えをつくる」という目標のもとに実施した実践である。
　本実践の特徴は、困難事例に対する対応を2つ考える点にある。これが、学生の学習経験における事例検討とは異なる点であり、学生が戸惑いを感じた点でもある。しかし、グループとしての取り組みであるため、学生は課題を放棄することはできず、戸惑いを感じながらも課題に向き合うこととなった。これにより、複数の対応例＝教育方法のあり方を考える状況が生まれ、また、情報共有やコミュニケーションの重要性を感得する契機ともなった。すなわち、学生には「自身が想定する教育方法」それ以外が存在することへの理解と、その教育方法を一旦は受け止める構えが生まれた。これは、例えば「自分は良いと思わないから1つの教育方法について否定する、受け入れないのではなく、様々な教育方法を知り、考えて認めることができるようになりたい」といった記述に端的に現れている。つまり、事例検討に際して、グループで複数の対応例を考察することが、「教育方法の多様性を考える構え」の育成に繋がっている。
　ここで看過できないのは、多くの学生がミニッツペーパーにおいて、教育方法の多様性が生まれる要因として障害や国籍に言及している点である。こうした言及が現れるのは、障害や国籍をテーマとし、ゲスト講師を招く科目が同時期に行われていたからだと推察される。これは本科目と他科目との学びを関連づけるものであり、学生の学習成果として高く評価できる。しかし、「そもそも、目の前の子どもは他の誰とも違う1人の人間である」という点も、教育方法を考えるうえでは重要である。この点を看取した学生は「教育

方法には様々な種類があるけれど、どんな方法をするにしても、子どもたちの声や気持ちに寄り添うことが大切だ」とし、「そのうえで、障害や外国籍など、子ども一人ひとりの特性に合わせて、その子に合った方法を導いていくことが大切だと思います」と述べる。このように、特性に先んじて「声／気持ち」があることを明確に記述した学生は1人だけであった。これは、本実践では教育方法に必要な子ども理解に関する知見を深められないことの証左でもある。ここに、本実践の課題がある。

　短期大学で行った本実践は、①青年期の発達保障、②短期高等教育機関における職業に必要な能力の育成、の2つに関わる。田中昌人は大学教育における「連帯した価値を探って識っていく力」の保障、すなわち、「同年齢、あるいは異年齢、あるいはプロの人たちと連帯、協力して、発達にふさわしく価値をつくり出すことを学びながら、他者に教える体験を経て、より深く学び、そして創造的な価値をつくり出していくという力」の発達保障を求めている（田中2005：35）。創造的な価値は「深く専門の学芸を教授研究」することで生まれるが、しかし、短期高等教育機関における創造的な価値は「職業又は実際生活に必要な能力」にも見出されなければならない[7]。これらに鑑みれば、保育者養成のための本科目での創造的な価値は、保育者の力量の中核にある省察、あるいは、「教育方法の多様性を考える構え」と捉えられるだろう。そうであるならば、本実践はグループでの協働による新たな価値観の創出作業——複数の対応例の模索——によって、学生の「連帯した価値を深く識っていく力」を保障し、また、短期高等教育機関における職業に必要な能力を育成し得るものとして位置づけられないだろうか[8]。

　本実践によって、教育方法に必要な子ども理解に関する知見を深めるための実践の構想という課題が浮かび上がった。また、短期大学での発達保障と職業教育に係る課題も示唆された。つまり、学問分野の固有性と発達保障との交錯点が浮かび上がる実践を積み重ねるなかで、短期高等教育機関で育成する「職業又は実際生活に必要な能力」を「創造的な価値」として位置づけるという課題である。今後の課題としたい。

【資料】事例および回答例の実際

○事例

　4歳児T男は、家の都合で幼稚園に来なかったり、遅れてきたりすることが多い子であった。T男は、自分の気に入らないことがあると「ばかばか」と言いながら、自分の頭を叩いたり、「もう知らない」と言い、保育室を出て行ってしまったりすることがあった。また、クラスの子に暴言をはいたり、暴力をふるったりすることもよくあった。

　実習生はT男とR男と遊んでおり、片付けの時間になった。R男は片付けをすぐに始めたが、T男は片付けようとしなかった。実習生が「片付けよう」と声をかけるとT男も片付けを始めた。R男は、自分の周りにあったおもちゃを片付け終えると、T男の周りにあるおもちゃも片付けようとした。すると、「だめ！自分で使ったものだから自分で片付ける」とT男が言った。しかし、R男は自分も遊んでいたし、片付けなければならないという気持ちから「どうして？」と言った。その時、T男がR男に殴りかかろうとしたため、R男がケガをしてはいけないと思い、実習生はT男を落ち着かせた。その後、実習生はR男に「手伝ってくれてありがとう。T男は自分で片付けたいんだって」と伝えた。この時、R男の気持ちを考えず、T男の気持ちを優先したことで、R男を我慢させることになった。

○回答例①

　T男が、暴力をふるい友達にけがをさせないようにするため、まず離れさせるようにかかわる。T男が「だめ！自分で使ったものだから自分で片づける」といったのに対して、R男も「自分も片づけたい」という気持ちがあったのにも関わらず、R男の気持ちを考えずに、実習生は「手伝ってくれてありがとう。T男は自分で片づけたいんだって」と言っているので、R男の気持ちにも寄り添いながらR男の意欲が無くならないように「あっちのままごとコーナーの片づけが大変だから、手伝ってきて」などの提案をし、楽しく片付けができるようにする。また、片付けが終わったら次の活動に繋げられるような声掛などをして関わる。

これらのかかわりをする理由は、まず安全性の観点から、T男R男周りの子どもたちが怪我をしないように関わるのが、第一優先だからだと考えた。

　その次に、T男だけの気持ちにしか寄り添わず、R男の気持ちを考えずに行動しているが、T男とR男のことを離す関わりをすることを考えたときに安全を考えながらも、R男の意欲も無くさないようにするため、ほかのところの手伝いをすることなどの提案をすることで、これからの片付けに対しての意欲がなくならないようにする必要があると考えたから。そして次の活動へつなげることによって、T男の気持ちが落ち着くまで、R男がT男のところに戻ってきてトラブルが再発しないようにすることも大切だと考えた。R男も意欲がなくならないようにそして楽しく活動ができるようにするためにも保育者の声掛けで、「あっちのほうを手伝ってきて」など工夫する必要があると考えた。

〇回答例②

　T男とR男の気持ちを代弁し、お互いが納得できるよう関わる。T男が「ダメ、自分で使ったものだから自分で片づける！」と自分の言葉でR男に伝えたこと、それに対してR男が疑問を持ったことに注目して関わりを工夫する。

　R男が「自分も一緒に遊んでいたし、自分のところは片づけたから手伝おう」という気持ちだったのだと考えると、T男から「ダメ！」と言われどうして拒否されたのか分からなくて不思議な気持ちだったのではないかと思う。保育者がここで、T男の気持ちを代弁し伝えることで、R男は納得することができるのではないかと考える。

　T男にはR男の本当の意図を丁寧に代弁する必要があるのではないかと思う。T男には自分で片づけたいという強い意志があったため、R男がT男の周りのおもちゃを片付けようとしたときに、自分の嫌なことをしようとしたのではないかと感じたのだと思う。保育者がここでR男がT男に嫌なことをしようとしたのではなく、「一緒に遊んでいたから片付けようしてくれていたんじゃないかな」などと言葉をかけて事実を伝える。そこからT男と時間をかけて話し合い、T男が納得したようであればR男と一緒に片づけをする

ように促す。もしＴ男が納得したものの、一緒に片づけをしたくないようであれば保育者がＲ男とＴ男の仲介に入り、Ｔ男の意思を尊重する。このようなかかわりを継続していくことで、Ｔ男は自分を省みるきっかけ、チャンスと多くであうことができ、今後の言動、行動に変化、改善が徐々にではあるがみられるのではないかと考える。

　このように子ども同士のいざこざの場面では、保育者がまずは子どもの気持ちを理解する。そして子ども一人一人の気持ちや思いを受け止め、認める。そののちに保育者が子どもの気持ちを言葉で代弁し、子どもたち同士が「言葉」で解決していくことができるように援助を行う。

【註】
（1）例えば、岩川直樹（2014）、勝田守一（1973）を参照のこと。
（2）なお、本科目では、ミニッツペーパーやレポート等の無記名での使用について、学生に口頭で説明し、書面にて同意を得た。
（3）学生には事例の特定を避けるため、仮名の使用や事例の一部改変・再構成を求めた。
（4）遠藤貴広はアクティブ・ラーニングでの学びという文脈のなかで、「表面的な探索ではほとんど『意味が分からない』複雑な状況の中で『しんどい』苦労を重ねながら、チームで協働して探究すべき問題を見いだし、何が正解かも分からない不安定な状態の中で解決の道筋を学生自身が見定めようとすること」に意義を見出す（遠藤2013：291）。本実践の学生も「だるさ」や「しんどさ」を感じていた。「えー、よっちゃんやってよ」、「また、今日もするの！」という学生に、「まぁ、とりあえずやってみてよ」と声をかけることもあった。ある学生は教育方法を俯瞰的に捉える感覚を身につけ、「今世間的に良いと言われている教育も時代の流れで変わると思う」と述べながらも、「グループ活動でするので、グループの仲間との仕事の分けかた、ここはやったから、やってほしいという交渉術、自分のスケジュール管理の仕方、力の抜き方が学べる」と率直に述べる。こうした「隠（さ）れたカリキュラム」も着実に学んだ学生がいたことは記しておきたい。
（5）学生には、文章の校正・改訂作業の重要性を、同僚・保護者・地域住民等の想定読者を意識した記述が求められる点から説明した。
（6）保育におけるカンファレンスは、「事例検討または研究方法の一つで、正答や意見の一致を求めるのではなく、多様な意見の突き合わせによって参加者が事例や対象者への理解を深めたり、自分の考え方を再構築したり、専門性を高めていくことを重視するもの」である（古賀2019：85）。
（7）学校教育法の第108条第1項に規定される短期大学の設置目的に依る。
（8）本実践は、その可能性の示唆に留まる。そのため、田中（2005）や西垣順子（2014）等の蓄積――「階層―段階理論」――を踏まえ、本実践に対して、①「抽出可逆操作」の発達の保障の観点からの再検討、②「抽出可逆操作」の発達を保障する大学教育実践への再構成、を行う必要がある。

【参考文献】
・岩川直樹．"教育方法を探求するということ"．教育の方法・技術．岩川直樹編．学文社，2014，p.17–42.
・遠藤貴広．実践者の省察的探究としての評価を支える実践研究の構造．教師教育研究．2013，vol.6，p.279–298.
・勝田守一．人間の科学としての教育学．国土社，1973，554p.

大学評価学会年報『現代社会と大学評価』　第20号（2025年）

・古賀松香．"カンファレンス"．保育学用語辞典．東京大学大学院教育学研究科附属発達保育実践政策学センター編．中央法規出版，2019，p.85.
・田中昌人．"学生の発達保障と大学評価"．21世紀の教育・研究と大学評価．シリーズ「大学評価を考える」編集委員会編．晃洋書房，2005，p.30-40.
・西垣順子．「逆操作の高次化における階層－段階理論」に基づく大学生の発達．人間発達研究所紀要，2014，no.27，p. 15-29.

年報『現代社会と大学評価』投稿規程

1. 投稿資格
   原則として、当学会会員とする。
2. 投稿内容
   大学評価に関する学術論文（以下論文）、資料、研究ノート、実践報告、レビュー、動向、書評・図書紹介等とし、未発表のものに限る。ただし、口頭発表及びその発表資料はこの限りでない。
3. 原稿枚数
   原則として、論文、資料、研究ノートは18,000字以内（欧文の場合は6,500語以内）、実践報告、レビュー、動向は12,000字以内、書評・図書紹介等は4,000字以内とする。
   なお、上記の字数には図表、注、参考文献も含まれるものとし、刷り上がりで論文、資料、研究ノートについては34字×29行×22頁以内、実践報告、レビュー、動向については34字×29行×18頁以内、書評・図書紹介等については、34字×29行×6頁以内とする。
4. 使用言語
   審査および印刷の関係上、使用言語は日本語、英語のいずれかとする。
5. 執筆要領
   別に定める執筆要領にしたがうこととする。
6. 原稿審査
   提出された原稿は、特集論文を除き、審査の上掲載の可否を決定する。論文、資料、研究ノートは1編につき編集委員会が依頼する2名の会員により査読審査を行うが、やむを得ない場合は1名まで非会員が査読者になることもある。その他の原稿は編集委員会において閲読審査を行う。尚、審査の過程において、編集委員会より、原稿の修正を求めることがある。
7. その他
   必要事項については編集委員会において定める。
8. 規程の制定と施行
   本規程は2004年度運営委員会において承認後、運営委員会開催日をもって施行する。改正は、理事会の承認によって行う。第1号（2005年3月刊）については、原則として、本規程案に準じて運用を試行する。
[附則] 2011年4月24日改正（3、6、9）
       2012年4月24日改正（7を削除。以下、8以降を繰り上げ）
       2013年11月9日改正（2、3、6）
       2014年11月15日改正（6）
       2016年5月15日改正（2、3）

年報 『現代社会と大学評価』 執筆要領

1．原稿用紙

　　原稿用紙はA4用紙を使用し、横書きとする。本文については1頁あたり34字×29行とし、タイトルに9行とり、本文は10行目から始め、小見出しには2行とる。注、参考文献については、1頁あたり49字×44行の書式とする。

　　欧文の場合はA4用紙にダブル・スペースで印字する。

2．執筆者名

　　執筆者名は本文とは別の用紙に記し、執筆者の所属（大学の場合は学部・研究科等）、職名を付す。大学院生の場合は課程、学年等を明記する。執筆者の氏名・所属・職名の英語表記を併記する。

3．図・表

　　図、表は本文原稿とは別にし、1枚の用紙に1つだけとし、図1、表1という形でそれぞれの図表に一連番号をつける。また本文中に、それら図表の挿入希望箇所を「表1入る」という形で指示し、それに必要な空欄を設ける（ただし、組みあがりの関係で必ずしも希望どおりにならない場合もある）。

4．章立て

　　見出しには第、章、節等の文字は使用せず、見出し番号は以下に統一する。

はじめに（序、序論など。またなくてもよい）

Ⅰ．

　1．

　（1）

　（2）

　2．

Ⅱ．

Ⅲ．

おわりに（結び、結論など。またなくても）

5．注、参考文献

　　注、参考文献は本文のおわりにまとめ、（1）、（2）の形で通し番号をつける。注、参考文献の表記の形式は①「科学技術情報流通技術基準（SIST2007-02）：参照文献の書き方」、②「J-STAGE推奨基準」（2008）の「5．引用文献の書き方について」に準拠する（これとは別の形式による注記を希望する場合は編集委員会に相談すること）。

6．英文要旨
　　論文・資料・研究ノートには500語程度の英文アブストラクト（要旨）と3〜5語／句の英語キーワードを添付する。英文アブストラクトは、執筆者の責任において、ネイティブ・チェックを受けるものとする。論文・資料・研究ノート以外の原稿は、英文アブストラクトは不要とする。
7．投稿原稿は本文、図表等はすべて白黒で作成する。
8．原稿提出方法
　　原稿はワードプロセッサーにより作成し、論文、資料、研究ノートの執筆者は原稿を3部、特集論文及びその他の投稿の執筆者は原稿を2部、テキストファイル形式（ワード、エクセルも可）で保存したメディア（CD、USBフラッシュメモリなど）とともに編集委員会に提出すること。
9．校正
　　執筆者による校正は2校までとする。
10．原稿提出期日と刊行期日
　　論文等の投稿については、毎年7月末日までに下記「11.原稿送付先・問い合わせ先」に郵送もしくはFax、電子メールのいずれかの方法で投稿の意思を表示する（書式は問わない）。査読審査を行う論文・資料・研究ノートの原稿提出期日は、9月末日とする。その他の原稿は随時受け付けるが、原則として11月末日までに提出されたものを次に刊行される年報に掲載するものとする。なお、提出された原稿等は一切返却しないので、必ず写しを取っておくこと。刊行期日は原則として7月とする。
11．原稿送付先・問い合わせ先
　　　大学評価学会年報編集委員会
　　　Email：info[at]aue-web.jp
　　　※メール送信の場合には[at]を＠に置き換えてください。

［附則］2011年4月24日改正（2、6、7、9、10）
　　　　2012年5月18日改正（10）
　　　　2013年11月9日改正（6、9）
　　　　2015年11月15日改正（7を追加。以下、番号を繰り下げ）
　　　　2016年5月15日改正（1、3、5、6、10）

編集後記

■このたび、大学評価学会年報「現代社会と大学評価」第20号が刊行の運びとなりました。

　本号には、「高等教育の無償化の未来――日仏比較の視点から――」をテーマとした第21回全国大会（2024年3月2日・3日、早稲田大学）で開催されたシンポジウムの3つの記録からなる特集記事と2つの課題研究報告を掲載しています。大会テーマで掲げられている「高等教育の無償化」は本学会が設立当初から取り組んできた重要なテーマでありますが、近年では政治的・社会的な関心も高まり、政策決定の場においても非常に重要な課題となっています。本号の特集では、フランスと日本の高等教育無償化の歴史と現状を比較することで、今後の政策課題を明確にし、その可能性と課題を提示しています。課題研究報告では、大学職員の内発的動機づけとその役割再構築に関する国際比較研究［教職協働］、及び、学生の学びと発達を支える大学と社会の接続に関する研究［青年期の発達保障］の2つの報告を掲載しています。これらの内容は、今後の大学のあり方や本学会が果たすべき役割を考える上で非常に重要な内容であると思われます。

　また、本号では論文3本、研究ノート1本、実践報告1本の論考を掲載しました。国際的な視点から大学評価のあり方を検討するものや具体的な教育実践のあり方を紹介するものなど、読者の方々にとって非常に有益な視座を提供する内容になっていると思われます。

　大学評価のあり方は、時代とともに大きく変化してきました。本学会の研究が、今後の高等教育の質向上や公正で持続可能な高等教育政策の策定、そして高等教育の無償化の推進に資するものとなることを願っております。

　最後になりましたが、本号の編集にあたり、多くの執筆者の方々、査読者の方々にご協力いただきましたことに深く感謝申し上げます。また、学会活動を支えてくださっている会員の皆様にも、この場を借りて厚く御礼申し上げます。前号まで編集幹事を担当されていた日永龍彦会員には、全体スケジュールや編集作業に関する貴重なアドバイスを頂きました。改めて御礼申し上げます。

（文責　藤原隆信）

大学評価学会年報編集委員会（第20号）

委 員 長：藤原隆信（筑紫女学園大学）

委　　　員：菊池芳明（横浜市立大学）、中山弘之（愛知教育大学）、
　　　　　　松下尚史（岡山理科大学）

連 絡 先：E-mail：info[at]aue-web.jp
　　　　　　※メール送信の場合には[at]を＠に置き換えてください。

「大学評価宣言＝もう一つの『大学評価』宣言」「大学評価学会設立趣意書」
「大学評価学会規約」「年報『現代社会と大学評価』投稿規定・執筆要領」等は
学会ホームページに掲載しています。
大学評価学会HP：http://aue-web.jp

大学評価学会年報『現代社会と大学評価』
大学評価学会年報編集委員会　編

創刊号（2005. 5.）：「大学評価」を評価する
第2号（2006. 5.）：大学マネジメントと大学評価
第3号（2007. 9.）：何のための評価か、誰のための評価か
第4号（2008. 6.）：「認証評価」と大学評価の多様性
第5号（2009. 5.）：大学教育の「質」をどう扱うか
第6号（2011. 9.）：認証評価の効果を問う
第7号（2012. 10.）：大学評価の現場と大学政策
第8号（2014. 3.）：「質保証」を問い直す―発達保障からのアプローチ
第9・10合併号（2014. 8.）：
　　　　大学評価と大学経営―学生・教員・事務職員・法人のDevelop-
　　　　mentいま求められる若者のキャリア形成と大学教育・大学評価
第11号（2015. 7.）：大学政策・経営における多様性と包摂性
　　　　　　　　　　　　　　　―ジェンダーからのアプローチ
第12号（2016. 12.）：若者、地域とともに育つ大学
第13号（2017. 9.）：大学・大学評価の原点を探る
第14号（2019. 1.）：大学評価のリアリティ
第15号（2019. 7.）：教育と研究の現場から考える大学のグランドデザイン
第16号（2020. 8.）：大学改革と質保証を再考する
第17号（2021. 7.）：大学教育とコロナ危機
第18号（2022. 9.）：2050年における大学の「基準」と大学評価
第19号（2023. 10.）：大学の自律と「大学人像」
第20号（2025. 3.）：高等教育無償化の未来―日仏比較の視点から―

シリーズ「大学評価を考える」

第1巻（2005. 1.）：21世紀の教育・研究と大学評価
　　　　　　　　　　　―もう一つの大学評価宣言
第2巻（2007. 4.）：アカデミック・ハラスメントと大学評価
　　　　　　　　　　　―より開かれた大学をめざして
第3巻（2011. 4.）：大学改革・評価の国際的動向
第4巻（2011. 7.）：PDCAサイクル、3つの誤読
　　　　　　　　　　　―サイクル過程でないコミュニケーション過程に
　　　　　　　　　　　よる評価活動の提案に向けて
第5巻（2011. 9.）：大学評価基本用語100
第6巻（2013. 3.）：高等教育における「無償教育の漸進的導入」
　　　　　　　　　　　―授業料半額化への日韓の動向と連帯
第7巻（2016. 5.）：大学評価と「青年の発達保障」
第8巻（2018. 10.）：大学改革と大学評価（蔵原清人著）

＊インターネットや書店で購入できない場合は、いずれも学会事務局までお問い合わせ下さい。（事務局に在庫のある場合もあります）

大学評価学会年報『現代社会と大学評価』第20号

高等教育無償化の未来 ―日仏比較の視点から―

2025年3月10日　発行　　定価 本体1,500円（税別）

編　集　　大学評価学会年報編集委員会

発　行　　大学評価学会

発　売　　株式会社　晃洋書房

　　　　　郵便番号　615-0026 京都市右京区西院北矢掛町7

　　　　　電　話　075(312)0788　ＦＡＸ　075(312)7447

　　　　　振替口座　01040-6-32280

印刷・製本　株式会社こだま印刷所

ISBN 978-4-7710-3963-6